Notice Historique

SUR L'ÉTABLISSEMENT

DE FONTAINES PUBLIQUES,

EN LA

VILLE DE BAILLEUL.

LILLE. — IMP. DE VANACKERE.

VUE DE LA FONTAINE DE BAILLEUL.

NOTICE HISTORIQUE

Sur l'établissement

DE FONTAINES PUBLIQUES,

EN LA

VILLE DE BAILLEUL,

DÉPARTEMENT DU NORD.

Et relation de la Fête qui a eu lieu le 23 Juin 1844,

POUR L'INAUGURATION DE LA FONTAINE CENTRALE.

BAILLEUL,

DEHAENE, Libraire, rue de Cassel.

1844

PRÉFACE.

Cette notice se compose :

1.o D'un extrait du mémoire à l'appui du projet dressé le 20 juillet 1840.

2.o D'une note sommaire des travaux exécutés.

3.o Du procès-verbal d'inauguration.

4.o Du discours de Mgr. l'archevêque de Cambrai.

5.o Du discours de M. le Maire de Bailleul.

6.o Du discours de M. le Sous-Préfet d'Hazebrouck.

7.o D'un appendice.

DÉPARTEMENT DU NORD,

ARRONDISSEMENT D'HAZEBROUCK.

VILLE DE BAILLEUL.

PROJET

D'ALIMENTATION D'EAU.

Extrait du Mémoire à l'appui.

Détails Topographiques.

La ville de Bailleul est située sur un mamelon, à l'extrémité d'une des ramifications de la chaîne des coteaux qui séparent la vallée de la Lys du littoral, et dont font partie le mont Cassel, le mont des Cats, le mont Noir, etc. Le sol en est généralement glaiseux ; l'eau y pénètre difficilement ; les puits y sont rares et n'offrent que peu de ressources. Dans les campagnes on se sert communément d'eau de pluie recueillie dans des fosses. Pour lui

Alimentation habituelle.

conserver plus de pureté l'on entoure la fosse d'un paturage, où se trouve construite la ferme avec ses dépendances. Cet usage favorise la multiplication des bestiaux. C'est là peut-être le principe de la merveilleuse prospérité agricole du pays. Dans les villes on recueille l'eau des toits. Les riches ont des citernes et des filtres ; les pauvres ont des tonneaux où l'eau s'attiédit, se corrompt et s'épuise promptement dans les chaleurs. Quelque mérite que puisse avoir l'eau des citernes, elle n'est point exempte de beaucoup d'impuretés, provenant des toitures sur lesquelles la fumée de la houille laisse tomber des cendres et des noirets. Cet inconvénient doit croître à mesure du développement de l'industrie qui tend à augmenter la consommation du combustible.

Pendant l'été, il se développe dans les citernes des infusoires nombreux et il s'y trouve, presque toujours, une multitude d'insectes visibles à l'œil nu. Les citernes même les plus vastes sont insuffisantes dans bien des cas. On craint leur épuisement comme une calamité qui oblige à s'approvisionner d'eau à des ruisseaux plus ou moins éloignés. Celui qui alimente Bailleul, dans ces tristes circonstances, est distant de 600 m. environ du centre de la ville et à un niveau inférieur de 25 mètres : les brasseurs et les autres industriels à qui il faut des eaux abondantes sont même parfois forcés d'aller les puiser à la Lys, à 10,000 mètres de distance. Que pendant les sécheresses il survienne un incendie, c'est un malheur sans remède, ou dont le remède, l'épuisement des citernes, est une calamité nouvelle. On assure que la ville de Bailleul a été autrefois très-florissante ; qu'elle comptait de 14 à 15,000 habitants et avait de belles fabriques de draps, mais qu'elle a été ruinée par des incendies. Cela

Ses inconvénients.

n'est nullement invraisemblable. Aujourd'hui sa population est d'environ 10,000 habitants, banlieue comprise, celle de la partie agglomérée peut être évaluée par approximation à 6,000 âmes; quoiqu'elle ne soit point citée pour son industrie, elle est plus riche que ce nombre d'habitants ne l'indique.

PROJETS d'alimentation nouvelle.

L'administration municipale de la ville de Bailleul s'est depuis quelque temps signalée par un zèle ardent pour les travaux d'utilité publique. Au nombre des devoirs qu'elle s'est imposés et dont l'accomplissement sera presque sans exemple dans les annales de la cité, se trouve celui de procurer à la ville des eaux abondantes et pures.

PUITS artésiens.

Quelques puits artésiens ayant été faits avec un grand succès dans diverses localités et la science ne fournissant aucun moyen de reconnaître à priori s'ils pouvaient ou non réussir à Bailleul, il était rationnel de les essayer d'abord. Un sondage fut fait au point culminant de la ville et interrompu à la profondeur de 149 mètres par divers accidents. Les terres qui en sont provenues, classées avec ordre, ont été examinées par M. Foy, ingénieur des mines à Valenciennes, qui a reconnu au sol de Bailleul une constitution géologique analogue à celle de la côte opposée du détroit et qui a déclaré que, dans sa pensée la continuation du sondage n'offrait aucune chance de succès. Les travaux commencés furent donc abandonnés.

CANAL.

On pouvait croire possible de faire un canal de Bailleul à la Lys. On eût ainsi obtenu le double avantage de se procurer des eaux et de créer un nouveau moyen de transport. Mais les nivellemens ont fait voir qu'il faudrait le creuser à sept mètres pour amener les eaux de la Lys, à 2,000 mètres de la ville, et que pour éviter des travaux aussi considérables il aurait fallu recourir à des constructions d'écluses et à des moyens d'alimentation qui eussent entraîné dans des dépenses excessives. D'ailleurs les eaux d'un canal ont toujours une saveur de marécage qui peut ne point la faire repousser en cas de nécessité, mais qui devait contribuer à faire préférer des eaux plus pures et plus salubres.

Sources du Mont-Noir.

Ces eaux se trouvent aux sources du mont Noir. La calotte de ce coteau est formée d'un banc de sable assez volumineux pour retenir, toute l'année, l'eau des pluies. Elle s'y infiltre et s'échappe aux point où le sable repose sur l'argile, en sources très-limpides et permanentes. L'étude des lieux a fait reconnaître un assez grand nombre de ces sources; les principales sont indiquées au plan ci-joint, elles sont généralement à 80 mètres au-dessus du niveau moyen de la mer, elles descendent rapidement dans la vallée pour former la becque, qui, près de Bailleul, est à 58 mètres au-dessous des sources et à 25 mètres au-dessous du point culminant de la ville.

Elles peuvent être conduites à Bailleul.

La possibilité d'amener ces eaux à Bailleul par un tuyau de conduite, étant ainsi prouvée, il fallait s'assurer si elles pouvaient suffire en tout temps et se procurer des moyens d'exécution.

C'est ce que l'on s'est efforcé de faire. Pour connaître le produit des sources, on les a barrées en plusieurs points et contraintes à passer en totalité par des orifices circulaires en mince paroi. La charge sur le centre de ces orifices et leurs diamètres ont été observés avec soin et les calculs faits selon les méthodes ordinaires.

Ces opérations ont eu lieu en juillet 1835; après plusieurs années de sécheresse, en janvier, en juillet et en octobre 1836.

Celle des sources qui est désignée par la lettre A, au plan général a donné, à ces diverses époques, par seconde, 1 l. 99 c.; 2 l. 14 c.; 1 l. 19 c.; 1 l. 96 c.; ce qui fait en moyenne 1 l. 82 c. Leurs produits.

Au point où les sources se réunissent elles ont donné ensemble, par seconde, 3 l. 22 c.; 3 l. 70 c.; 13 l. 27 c.; 2 l. 97 c. et 6 l. 77 c.; ce qui fait en moyenne 5 l. 98 c.

Ainsi la source A fournit par 24 heures moyennement 1,572 hectolitres d'eau et au minimum 1028 hectolitres.

Et l'ensemble des sources moyennement 5,146 hectolitres et au minimum 2,566 hectolitres.

Il faut observer que la moyenne dont il est ici question n'est point la quantité d'eau qui sera moyennement fournie pendant toute l'année, mais la moyenne des expériences faites.

Il n'est pas moins utile de remarquer que le produit du ruisseau que forment les sources, à leur point de réunion, diffère du produit total de ces sources. Car pendant les pluies il est grossi par l'eau qui coule à la surface du sol et pendant les sécheresses, il est amoindri par les irrigations. C'est pourquoi l'on trouve des variations si considérables dans les résultats relatifs à l'ensemble des sources, tandis qu'elles sont beaucoup moindres pour la source A dont le jaugeage a été fait, à quelques dizaines de mètres seulement du point où elle arrive au jour.

L'ensemble des sources pouvant procurer au moins 1/2 hectolitre d'eau par jour à chaque habitant de Bailleul, s'il eût été permis d'en disposer, tous les besoins eussent été amplement satisfaits; mais l'utilité publique ayant été déclarée avec de grandes réserves, le produit de la source A sera seul attribué à la ville de Bailleul.

Ses produits suffisent.

C'est environ deux litres par seconde. Ce sera par jour 26 litres pour chaque habitant. Si l'on admet le jaugeage de juillet 1836, qui a donné le minimum, 1 l. 19 c., par seconde, ce serait 17 litres par habitant.

A Liverpool, chaque habitant a par jour 28 litres d'eau.
A Manchester 44
A Édimbourg..................... . 62
A Londres.......................... 80
A Glascow 100
A Paris avant les derniers travaux... 7 d'eau potable
A Toulouse.......................... 84
Au Hâvre, d'après un projet fait en
1835. 100
A Rome .... 1,000 l. environ.

Ce rapprochement ne laisse point de doute sur la convenance d'exécuter le travail projeté; mais il fait aussi comprendre la nécessité de ne livrer les eaux à la consommation qu'avec une sage réserve.

Conditions à remplir.

Il faut que la source A subvienne à tous les besoins, c'est-à-dire qu'elle procure à tout instant, à chaque habitant de Bailleul, presqu'à domicile, toute l'eau qu'il désire; que le surplus puisse sans altération aucune être donné aux industriels; que cette distribution se fasse sans effort et sans aucun frais de puissance mécanique; il faut encore qu'en cas d'incendie, le produit intégral de la source se dirige sur le point incendié et s'échappe avec toute la vitesse que peut lui donner la grande élévation de cette source. C'est ce problème compliqué qu'il s'agit de résoudre, sans négliger l'ornement de la ville de Bailleul, et avec toute l'économie possible.

Voici ce que l'on propose dans ce but :

Exposé du projet.

L'eau de la source serait amenée par un tuyau de conduite, au point culminant de Bailleul, dans un réservoir fermé, d'où elle ne pourrait dégorger que par un tuyau s'élevant à trois mètres au-dessus du niveau du sol. Cette élévation donnée au dégorgeoir a pour but de maintenir une certaine pression dans le tuyau principal et dans les branchements qu'on y adaptera pour alimenter les parties les plus hautes de la ville, comme les rues d'Ypres et du Vivier, le voisinage de l'église, la rue du Collége, la rue de St.-Amand et les abords de la place. La pression s'obtient sans frais puisqu'elle résulte de la grande élévation des sources, elle est économique en ce qu'elle permet de se servir de tuyaux d'un petit diamètre; mais elle a surtout un autre avantage, c'est celui de permettre l'emploi, dans les bornes-fontaines, de dégorgeoirs à soupapes, on trouve le dégorgeoir en tirant le bouton et la soupape se referme d'elle-même, par la pression de l'eau, quand on cesse de la retenir. Ainsi les bornes-fontaines pourront être constamment à la disposition du public sans que l'on ait à craindre le gaspillage, et les branchements dont il vient d'être parlé ne consommeront qu'une petite partie du produit de la source. Le surplus s'échappera en jet d'eau au-dessus du réservoir et descendra par un tuyau dans une cuvette de distribution placée sous le sol pour se répartir en telle proportion que l'on voudra, dans les trois compartiments du bassin dont le château d'eau est entouré.

Chacun de ces bassins alimentera un quartier, savoir : l'un la rue de Lille, la Place et la rue des Poissons ; il est indiqué au plan par un trait pointillé. Un autre les rues St.-Jacques, d'Occident, du Sud, des Moulins et de Cassel; il est indiqué par un pointillé différent. Et le troisième, les rues des Foulons et de la Courte-Équerre; celui-ci a aussi son pointillé particulier Chacun de ces tuyaux alimente des bornes-fontaines, construites comme il vient d'être dit et le trop plein s'échappe encore par des dégorgeoirs élevés, afin de maintenir une pression convenable.

Cette eau à sa sortie est reçue dans des citernes qui forment des réserves et alimentent des fontaines inférieures.

On va développer ci-après, par ordre, les motifs de toutes ces dispositions.

Le Bassin de prise d'eau sera construit dans la pièce de terre qui porte au plan cadastral de St.-Jans-Cappel, le N° 467 et dont la ville de Bailleul a fait l'acquisition. Il sera creusé au point de réunion des sources qui existent dans cette pièce de terre, dans l'angle des ravins qu'elles forment.

Ce bassin sera en maçonnerie, divisé transversalement par un mur de refend. L'eau entrera dans le premier bassin par une grille à barreaux serrés afin de retenir les corps en suspension, et elle passera du premier dans le second par une ouverture circulaire de 0 mètre 06 c. de diamètre établie à 0 mètre 50 au-dessus du fond. Pour que toute l'eau passe par cette ouverture, il faudra qu'il s'y établisse une certaine charge, de telle sorte que les corps flottants à la surface ne pourront y pénétrer. D'un autre côté l'eau aura peu de mouvement dans le premier bassin et les corps pesants, comme la terre et le sable, pourront se précipiter en majeure partie dans le fond.

La bouche de prise d'eau sera établie dans le second bassin, un peu au-dessus du fond. Elle aura une forme telle que les corps flottant à la surface ne puissent pas y pénétrer; elle sera surmontée d'un petit tube pour le dégagement de l'air et établie un peu au-dessus du fond pour que la boue n'y entre pas (1).

Ces bassins pouvant avoir besoin d'être nettoyés de temps en temps, ils seront munis de tuyaux de décharge se rendant au fond du ravin; ils seront recouverts en paille par propreté et pour retarder autant que possible, en hiver, la congélation de l'eau.

La conduite principale sera placée à 1 mètre 20 environ au-dessous du niveau du sol, afin d'être préservée de la gelée. Conduite principale.

Après la rupture des tuyaux de conduite, l'inconvénient le plus à craindre, c'est leur obstruction : elle peut avoir lieu par des dépôts de matières terreuses, ou par le développement de matières végétales, ou quand les conduites sont en fonte, par l'oxidation du fer. Il est prudent de disposer, de distance en distance, des regards qui permettent de les nettoyer.

Le regard est une caisse intercalée dans la conduite, qui porte sur ses faces supérieure et inférieure deux larges ouvertures fermées par des plaques boulonnées. Celles-ci sont munies de tuyaux à robinets qui se rendent dans les fossés voisins.

On présume que l'air, qui serait entraîné ou qui se dégagerait de l'eau, se logerait dans le vide supérieur de ces regards et que les matières solides se déposeraient dans le vide inférieur. Comme la conduite sera soumise à une pression très-forte, qui pourrait aller dans certains cas, jusqu'à trois et quatre atmosphères, on chassera l'air

(1) L'on a reconnu la nécessité de placer un filtre en feutre entre la bouche de prise d'eau et le mur de refend, l'eau entraînant des matières en suspension. (1844).

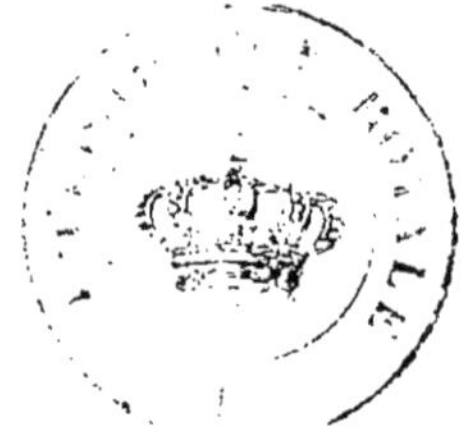

et les matières solides en ouvrant les robinets dont il vient d'être parlé.

Les regards seront logés dans des cuvettes en maçonnerie, que l'on recouvrirait de terre.

On pense que la manœuvre de ces robinets, faite périodiquement pourra maintenir fort longtemps le tuyau dans un état de propreté suffisant. Si, à la longue, il y avait obstruction, il suffirait de vider la conduite, d'ouvrir les regards et de faire passer de l'un à l'autre une chaîne en légères tiges de fer, portant une corde à laquelle on attacherait des brosses ou d'autres instrumens propres à enlever les dépôts; c'est ainsi, dit-on, que se nettoient les conduites de la ville de Stuttgard.

On a projeté d'espacer les regards à cent mètres les uns des autres. L'économie interdit de les rapprocher davantage; à Stuttgard ils ne sont distants que de 50 mètres.

Nature de la conduite.

On a dit ci-dessus que le tuyau pouvait être soumis à une pression de trois à quatre atmosphères, elle ira même pour les tuyaux inférieurs, jusqu'à quatre atmosphères sept dixièmes, quand la conduite sera bouchée en ville.

Cette forte pression et la grande longueur de la conduite doivent faire renoncer à la terre cuite, à laquelle les travaux d'Arau, en Suisse et ceux de Stuttgard avaient fait penser d'abord. On ne trouve pas ici de tuyaux assez bien fabriqués. Ceux dont on se sert pour la distribution du gaz, quoique parfaitement imperméables, n'ont qu'une épaisseur d'un demi-centimètre à un centimètre au plus. On les a essayés à la presse hydraulique. Quelques-uns ne se sont rompus que sous une pression de 15 atmosphères, mais la plupart se sont brisés sous de faibles charges. Il ne faut pas perdre de vue que toutes les parties d'une conduite sont solidaires et que la rupture d'un tuyau suffit pour suspendre l'usage de tous les autres. On a donc adopté la fonte.

Diamètre de la conduite.

Le diamètre de la conduite est l'élément qu'il importe de déterminer avec le plus de soin. Trop grand, il entraîne dans des dépenses inutiles; trop petit, il a l'inconvénient plus grave de ne pas atteindre le but.

Nous considérons que la quantité d'eau à conduire n'est pas constante; elle est tantôt de 1 l. 19 c.; tantôt de 2 l. 14; par seconde. Que quelle que soit l'abondance de l'eau il ne faut en rejeter rien. Qu'il importe que les eaux se meuvent avec facilité dans la conduite principale afin qu'elles se distribuent promptement dans les branchements d'un petit diamètre qui y seront adaptés et qu'elles y conservent une pression convenable; enfin qu'il faut pourvoir au cas ou l'intérieur de la conduite principale serait plus ou moins obstrué par des dépôts, ou la formation de tubercules semblables à ceux des conduites de Grenoble.

Tous ces motifs nous ont déterminé à prendre un diamètre intérieur de 0 mètre 12 c. pour la conduite principale.

Cette conduite doit avoir 4,780 mètres de longueur; elle opposera au mouvement de l'eau une résistance que l'on peut représenter par la pression d'une colonne d'eau d'une certaine hauteur.

Cette hauteur est donnée par la fonction

$$0,002221 \frac{L}{D^5} (Q^2 + 0,0432\, Q D^2)$$

Dans laquelle L est la longueur de la conduite D son diamètre et Q en mètres cubes, la quantité d'eau qu'elle doit charrier par seconde; en prenant successivement pour

cette quantité Q, 1 l. 19 c.; 2 l. 14 c.; 6 l. et 10 l. Cette fonction prend les valeurs suivantes :

0 mètre 918 c.; 2 mètres 52; 16 mètres 95; 45 mètres 33. Or, comme la différence des niveaux de la prise d'eau à la source et des fontaines les plus élevées, sera de 24 mètres 00 environ, on voit que si ce tuyau est insuffisant pour amener, au point culminant de Bailleul, 10 litres d'eau par seconde, il pourra du moins fort bien en amener 6 produit de toutes les sources; et que quant au produit de la source A, prise isolément, on pourrait lui conserver, tout en le recueillant en totalité, une pression de deux atmosphères dans les tuyaux de distribution les plus élevés à Bailleul, cette pression permettra donc, non-seulement de se procurer des jets d'eau à toute hauteur, si on le désire, mais encore de lancer directement, en cas d'incendie, l'eau de la borne-fontaine, sur le point incendié, sans le secours des pompes ni d'aucune puissance mécanique.

La résistance due au frottement est la seule que nous ayons évaluée ci-dessus; c'est la plus importante. Les autres, comme celles qui résulteront des inflexions et des inégalités du tuyau, etc., seront faibles ou peu susceptibles d'une évaluation même approximative. Mais on voit assez par ce qui précède qu'elles ne pourraient en aucune manière compromettre les fonctions de la conduite; car en supposant même que la quantité d'eau à charrier soit de 8 litres par seconde, il resterait encore pour vaincre toutes les résistances secondaires, une chute de 8 mètres environ.

Epaisseur du tuyau, etc.

Quant à l'épaisseur des tuyaux, on l'a projetée de 0 mètre 01 c. Cette épaisseur est nécessaire pour un bon moulage, elle est plus que suffisante pour résister aux pressions auxquelles la conduite sera sujette. Au surplus, tous ces tuyaux seront essayés avant l'emploi, sous une pression de dix atmosphères.

Ces tuyaux seront assemblés à emboîtement pour parer aux dilatations. L'on a préféré pour étancher les joints la filasse et le plomb au mastic de M. Gaymard ; car il serait bien possible que la composition de ce mastic ne fût pas étrangère à la formation des tubercules qui se sont manifestés dans les conduites de Grenoble. Enfin, l'on a projeté des assemblages à collets pour les points où il faudra adapter, à la conduite, soit un robinet, soit un regard ou d'autres pièces du même genre.

Nous avons vu ci-dessus qu'il doit être adapté, à la conduite principale, des branchements pour alimenter les parties hautes de la ville et que l'eau surabondante devait se distribuer, pour les autres quartiers, à l'aide d'une fontaine centrale ou château d'eau. C'est cette pièce que nous allons expliquer.

Tube ascensionnel ou de décharge.

L'eau arrive au-dessous du sol dans un réservoir en fonte fermé, dans lequel plonge le tube qui doit produire la fontaine. Ce tube descend au-dessous du couvercle du réservoir, afin qu'il se loge, dans le vide ainsi réservé, assez d'air pour amortir les chocs que produirait le jeu des robinets. Le réservoir porte à sa partie inférieure une tubulure qui permettra d'en faire partir les matières terreuses ou autres qui pourraient s'y déposer.

Le tube ascensionnel de décharge est taraudé à sa partie supérieure afin de recevoir, au besoin, des ajutages produisant les effets que l'on désirerait.

Il importe d'estimer quelle perte de chute occasionnera ce tube dans les diverses hypothèses examinées ci-dessus, d'un produit de 1 l. 19 c.; 2 l. 14 ; 6 l. et 10 l. par seconde.

Quoiqu'il soit évasé par le bas et projeté de manière à éviter toute contraction de la veine fluide, nous le supposerons, pour un calcul approximatif, réduit à un diamètre de 0 mètre 06 c. seulement à l'intérieur, dans toute sa longueur, qui est de 5 mètres 70. Substituant cette quantité ainsi que les autres données du problème aux lettres correspondantes dans la fonction transcrite ci-dessus, on trouve pour la perte de chute, selon le produit que l'on admet, les nombres suivants :

Pour le produit de 1. 19 une perte de 0 mètre 022.
— 2. 14 — 0. 080.
— 6. 00 — 0. 601.
— 10. 00 — 1. 813.

Si l'on ajoute cette perte de pression à celle qu'occasionne la conduite principale, on trouve en tout, dans les quatre hypothèses qui précèdent, 0, 94; 2, 60 ; 17, 55; 47, 14.

Jet d'eau.

Il en résulte que dans les cas ordinaires, ceux où l'on ne profitera que de la source A, l'eau pourra, si on le veut, être lancée par le tube de décharge à toutes les hauteurs désirables; car on ne pense pas qu'il y ait convenance de la lancer jamais à plus de 20 mètres, par exemple.

Cette eau reçue dans le vase qui surmonte la colonne, pourra, ou sortir par une bouche ménagée dans le piédestal, ou se rendre dans une cuvette de distribution souterraine. Dans ce dernier cas, le public serait admis à puiser l'eau à la base de la fontaine, par une bouche particulière, à soupape, communiquant avec la colonne ascendante. (1)

Cuvette de distribution.

La cuvette de distribution est un vase de fonte de forme cylindrique, percé dans tout son contour de trois séries d'ouvertures symétriques, placées toutes au même niveau.

Bassins. Leurs fonctions.

Chaque série correspond à un récipient en fonte, conduisant l'eau qu'il reçoit dans un bassin particulier, ainsi

(1) Le château d'eau a été modifié; voir la note à la suite du mémoire.

on peut répartir l'eau en telle proportion que l'on voudra dans ces trois bassins, selon que l'on tiendra dans chaque série, un plus ou moins grand nombre de trous ouverts. A chaque bassin correspond, comme il a été dit ci-dessus, la conduite alimentaire d'un quartier particulier de la ville. Ces bassins étant souterrains, l'eau y sera plus à l'abri de la gelée, ils feront ainsi, jusqu'à un certain point, fonction de réservoirs ou de compensateurs. Ce n'est pas que leur capacité les rende aptes à emmagasiner de grandes quantités d'eau, mais elle sera telle que dans les cas ordinaires on pourra puiser, sur plusieurs points à la fois, à la même conduite, sans amener un tarissement momentané. C'était une convenance indispensable à remplir, il ne faut pas que l'eau se fasse attendre à une borne fontaine, parce que l'on puiserait à une autre borne entée sur le même tube. La répartition de l'eau entre les différents quartiers pourra sembler peu utile ; mais on est prié de remarquer qu'elle n'entraîne qu'une bien faible dépense, celle de la cuvette de distribution et des murs qui diviseront le bassin en trois parties. Elle a divers avantages. Elle empêchera qu'un quartier n'épuise momentanément toute la ville ; elle empêchera qu'un particulier n'épuise plus d'un quartier; enfin elle permettra de faire, au besoin, dans une proportion déterminée, des concessions ou des avantages à un quartier, ou à un établissement qui y serait placé. D'autre part la ville ne consommera pas toute l'eau de la conduite principale, l'excédant se déversera dans la campagne ou dans quelques établissements, par un trop plein. On n'aurait pas pu, sans injustice, doter de cette eau un quartier à l'exclusion des autres.

Il y en aura donc un pour chaque quartier.

L'eau descendue dans les bassins du château d'eau y a

perdu la pression qui résultait de la grande élévation de la source. Cela est indispensable à cause de la pente considérable de la plupart des rues de la ville. Cette pente suffira pour établir dans les tuyaux distributeurs une pression convenable au jeu des bouches à soupapes. Celle de la source eût été trop forte pour les fontaines ordinaires des bornes-fontaines.

Cas d'incendie.

Mais il est des cas où il pourrait être utile de lancer l'eau avec force, comme celui d'un incendie, et où l'on regretterait la pression perdue au château d'eau. La distribution de l'eau entre les différents quartiers deviendrait même alors un inconvénient; voici comment on supprime, en ce cas, les fonctions ordinaires du château d'eau.

Prise d'eau des tuyaux de distribution.

La bouche de prise d'eau de chacun des trois bassins mentionnés ci-dessus, porte intérieurement une soupape qui permet bien à l'eau d'y entrer, mais qui l'empêcherait d'en sortir. Cette bouche est entée sur la conduite du quartier correspondant et sert à l'alimenter dans les cas ordinaires. Mais la conduite a aussi directement une prise d'eau à robinet, dans le bassin fermé, qui est au bas du château d'eau, il suffit d'ouvrir ce robinet pour la mettre en communication directe avec la conduite principale, et en fermant alors le robinet de la colonne ascensionnelle du château d'eau, la conduite de distribution se trouve recevoir toute l'eau de la source sans autre perte de pression que celles qui résultent des résistances à l'écoulement et que l'on a calculées ci-dessus. Si l'on observe que la pression, au château d'eau, peut encore être équivalente au poids d'une colonne d'eau de plus de vingt mètres et que la pente des rues est telle que certaines bornes-fontaines seront à vingt mètres au-dessous du château d'eau, on reconnaîtra que selon la situation du foyer de l'incendie, l'eau pourrait y arriver avec une pression variable de deux à quatre atmosphères, c'est-à-dire être lancée, sans aucun effort, au sommet des maisons les plus élevées et même au delà.

De cette pression il faut cependant retrancher la perte qui résultera de la résistance à l'écoulement dans les tuyaux de distribution.

Leur diamètre.

Ces tuyaux ont été choisis, par économie, fort étroits; ils n'ont que 0, mètres 06 de diamètre intérieurement. Par un calcul analogue à ceux qui ont été faits ci-dessus, on trouve que pour faire passer, par seconde, dans un tuyau de ce diamètre et de cent mètres de longueur, des quantités d'eau représentées par 1 l. 19 c.; 2 l. 14; 6 l. et 10 l. il faut des chutes de 0, mètre 388 mil.; 1 mètre 403; 10 mètres 549 et 31 mètres 805. Or, comme la conduite de distribution la plus longue n'a guère que six cents mètres, la perte de pression ne sera pas grande, pour les quantités d'eau que pourra fournir, aux différentes époques de l'année, la seule source dont on dispose.

Dans les circonstances habituelles il ne passera, par ces conduites, que le tiers environ de la source A, ce sera moins d'un litre par seconde; en adoptant un litre pour maximum, la chute nécessaire à l'écoulement sera de 0, 33 pour un tuyau de cent mètres de longueur. Lors donc que la conduite d'un quartier puisera l'eau dans son réservoir du château d'eau, l'eau se tiendra dans ce réservoir à 0 mètre 33 c. au plus au dessus de la bouche de décharge, si elle est à 100 mètres de ce bassin; 0 mètre 66, si elle est à 200 mètres et ainsi de suite. Ces bouches de décharge ou dégorgeoirs sont indispensables pour que le bassin central ne déborde pas; placées à peu de distance de ce bassin, elles permettront aux conduites alimentaires de recevoir et de

Dégorgeoirs.

transmettre des quantités d'eau fort variables, sans que le niveau s'élève dans le bassin outre mesure. On a cependant eu la précaution de donner au bassin une profondeur assez grande ; 2 mètres 20. Le dégorgeoir le plus éloigné du bassin central est à 280 mètres environ. Cependant ce dégorgeoir sera encore tel que son produit pourra varier de deux litres par seconde sans que le bassin central déborde. Si la quantité d'eau à transmettre par cette conduite devait augmenter ou diminuer au-delà de ces limites, il faudrait momentanément faire varier la hauteur du dégorgeoir ; ce qui sera possible.

Comme les dégorgeoirs sont un élément essentiel de la conduite, nous allons en donner une explication détaillée

On n'a point oublié que pour mettre en tout temps à la disposition du public l'eau des sources, on adapte à chaque borne-fontaine un dégorgeoir à soupape qui se referme de lui-même par la pression de l'eau quand la personne qui puise cesse de le tenir ouvert. Cette manœuvre exige une certaine pression dans la conduite, il faut donc que le dégorgeoir libre, ou décharge du bassin central, soit situé à une certaine hauteur au-dessus de ces conduites. D'un autre côté, ce dégorgeoir ne pourrait être placé au dessus du fond du bassin central, sans y faire monter l'eau à une trop grande hauteur. La pente des rues de Bailleul permet de concilier ces deux conditions.

Le dégorgeoir se compose d'un tube communiquant avec la conduite et s'élevant à la hauteur du fond du réservoir central. Immédiatement après ce tube, la conduite est fermée par un robinet, de manière que l'eau surabondante du bassin ne peut s'échapper que par le tube. Il ne fallait pas que la construction de ce tube fût sans utilité pour les habitants du voisinage.

Il y a donc au pied de ce tube une bouche à soupape qui y prend l'eau et qui est placée dans une borne-fontaine. L'eau du trop-plein est reçue dans une colonne dont la borne est surmontée et se rend dans un bassin en maçonnerie, creusé à peu de distance, pour alimenter les parties inférieures de la conduite, de la même manière que la partie supérieure est alimentée par le bassin central. En cas d'incendie le tube ascensionnel du trop-plein est fermé par un robinet et l'on ouvre celui qui fermait la conduite en aval de ce tube. L'eau passe ainsi directement dans la partie inférieure de la conduite, et pour qu'elle ne rentre pas dans le bassin accessoire dont il vient d'être parlé, la bouche qui y prend l'eau en cas ordinaire porte une soupape qui se ferme dans le cas exceptionnel de la communication du reste du tube avec la conduite principale.

Il y a donc à faire, en cas d'incendie, la manœuvre de deux robinets au dégorgeoir; ces pièces sont placées dans une petite chambre située près de la borne et fermée au niveau du sol par une trappe en fonte; c'est la seule partie des conduites qu'il soit nécessaire de rendre accessible pour les manœuvres. Le bassin ou réservoir adjacent peut être entièrement fermé. L'eau de la décharge y descend par un tube terminé en forme de T renversé, afin qu'en tombant elle ne dégrade pas le radier du bassin. A coté de ce tube, il en descend un autre; c'est le prolongement de la conduite du quartier. Il porte, comme il vient d'être dit, un robinet auprès de la colonne de décharge et une bouche de prise d'eau à soupape dans le fond du bassin.

Les tuyaux de distribution ont été, comme la conduite principale, proposés en fonte, à cause de la forte pression qu'ils auront à supporter dans certains cas. On leur donne

Conduite des distribution.

un centimètre d'épaisseur pour en faciliter la fabrication; elle pourrait cependant être moindre. On les suppose, comme la conduite principale, assemblés à emboîtements; il n'y a d'assemblages à collets qu'aux points où ces tuyaux sont interrompus par des pièces de sujétion. Ces tuyaux seront placés comme la conduite principale à 1 mètre 20c. au-dessous du niveau du sol.

Bornes-fontaines.

Les bornes-fontaines sont en fonte, chacune d'elles porte une bouche de sortie à soupape et une bouche à robinet; la première est constamment à la disposition du public, la seconde ne sert qu'en cas d'incendie. Le robinet ne peut se manœuvrer qu'en ouvrant la borne-fontaine; l'économie faisait une loi de diminuer les frais de modèles, on a donc projeté de construire toutes ces bornes d'après un modèle uniforme.

Dégorgeoirs.

De plus, on prend ces bornes pour bases de toutes les colonnes, et comme il pouvait être nécessaire de donner à ces colonnes des hauteurs variables, on a disposé ces bases et les couronnements de manière que ces différences de hauteurs ne produisissent point un effet choquant. Les colonnes ne diffèreront donc les unes des autres que par la longueur du fût. Le vase qui les couronne est assemblé avec le fût par un manchon qui sera le même pour tous les dégorgeoirs.

La décharge du château d'eau sera sans doute disposée le plus souvent en forme de jet d'eau. C'est pourquoi le vase destiné à recueillir le liquide a une grande largeur. Ceux des autres dégorgeoirs sont plus petits et l'on suppose que l'eau y déboucherait par des champignons sphériques' parce qu'elle y sera généralement peu abondante. Mais on peut à volonté remplacer la sphère par toute autre pièce produisant des effets particuliers. Il faudra même en cas d'incendie remplacer les bouches par des obturateurs, sur toute la longueur de la conduite de distribution par où l'eau passera.

L'on croit que l'uniformité dont on s'est fait une loi ne produira pas un effet désagréable. Elle rappellera que toutes ces pièces apparentes, quoique détachées les unes des autres, appartiennent à un seul ensemble; et c'est pour compléter cette pensée que l'on a aussi choisi les ornements peu nombreux que l'on s'est permis, dans les diverses parties d'une seule plante aquatique, d'une exécution facile.

Espacement des bornes-fontaines.

On espère que ces dispositions économiques permettront l'exécution de toutes les bornes-fontaines projetées. Ces bornes sont supposées espacées à cent mètres environ les unes des autres. Ainsi les plus grands transports que devront effectuer les particuliers seront de cinquante mètres. Il faut justifier le choix d'un espacement aussi court.

On fera d'abord observer que l'exécution des conduites distributrices est d'obligation, car il faut que l'eau se transmette aux différents quartiers dans toute sa pureté, et que la position des dégorgeoirs sur ces conduites est commandée par la pente des rues. Il n'y a donc d'arbitraire que la répartition des bornes-fontaines. Chacune de ces bornes coûte peu. Supposons qu'elle coûte 400 francs, c'est par an, en comptant l'intérêt à 5 p. 0/0, une dépense de 20 francs, et par jour une dépense de cinq centimes. On peut estimer qu'il existe moyennement à Bailleul 120 habitants sur 100 mètres courants de rue. En estimant que chaque habitant aura ses vingt litres d'eau, ce qui est la moyenne, il y aura à distribuer chaque jour 1200 litres d'eau, par chaque centaine de mètres; cette eau sera transportée moyennement à 25 mètres de distance, si les bornes sont à 100 mètres, et ce transport coûtera incomparablement plus de 0 fr. 5 c., c'est déjà un grand espacement, sous le rapport économique, que cette distance de cent mètres d'une borne à l'autre; il ne fallait donc pas l'augmenter.

En un mot, il vaut mieux que l'eau se transporte par son propre poids, dans les tuyaux jusqu'en face du domicile du consommateur, que d'y être péniblement transportée à bras d'homme.

Exécution du projet partiellement.

Au surplus si l'exécution du projet, dans son ensemble, paraît trop coûteuse, on peut ajourner l'exécution de la plupart des bornes-fontaines et ne conserver que les principales, ainsi que les dégorgeoirs. On pourra même ajourner l'exécution de tous les tuyaux de distribution vers les extrémités de la ville, en s'arrêtant provisoirement aux premiers dégorgeoirs. Enfin, si l'on voulait dépenser moins encore, on pourrait se borner à l'exécution de la fontaine centrale, remettant le surplus à une autre époque. Néanmoins on insistera sur l'utilité de l'ensemble. La grande conduite coûtera fort cher, il serait fâcheux de ne pas lui donner dès l'abord toute son utilité et de s'exposer à salir et à perdre la majeure partie des eaux qu'elle procurera. D'un autre coté, si l'on tient compte de tous les frais et surtout de ceux du transport de l'eau à domicile, on se convaincra par un calcul analogue à celui que l'on a fait ci-dessus que l'économie bien entendue commande impérieusement l'exécution de l'ensemble.

Dans son ensemble.

Distribution d'eau à domicile.

S'il y a un si grand intérêt à conduire l'eau presque au domicile du consommateur, on se demandera pourquoi l'on n'a pas projeté de la distribuer effectivement à domicile. C'est que le travail dont il s'agit n'est point une spéculation particulière, mais un travail d'utilité publique, fait aux frais de la ville et payé indistinctement par tous les habitants; il fallait donc que l'eau fût mise également à la disposition de tous; toutefois, si la ville voulait concéder à des particuliers les eaux surabondantes, celà serait facile, car il y a des tuyaux dans presque toutes les rues, et il serait possible d'y enter des tubes qui se rendraient dans les usines ou les maisons des concessionnaires; seulement il faudra adopter, dans ce cas, des dispositions propres à prévenir les abus qui pourraient en résulter. C'est un sujet que l'on n'examinera point ici, car on ne pense pas qu'il y ait lieu de le faire en ce moment.

Après ce qui précède, il suffira de bien courtes explications pour compléter l'objet de ce mémoire.

Distribution des bornes-fontaines.

La conduite principale traverse les rues du St-Esprit, des Bouchers et vient au château d'eau; dans la rue des Choux on placera une borne-fontaine. Au coin de la rue du St-Esprit on détachera de la conduite un branchement qui alimentera deux autres bornes-fontaines, projetées entre cette rue et la place. De ce branchement s'en détachera un autre qui alimentera les bornes de la rue du Vivier et de son cul-de-sac. De la rue d'Ypres et de la rue des Sœurs-Grises, toutes ces bornes, au nombre de huit, seront simples, attendu que le château d'eau sert de dégorgeoir commun. Il en sera de même des bornes de la rue du Collége et de deux autres, posées l'une rue d'Occident, l'autre Grande Place. Ces bornes correspondront à des branchements, entés sur la conduite principale, à l'angle de la rue du Collége et de la rue des Bouchers.

La conduite alimentaire des rues de Lille et des Poissons et celle de la rue des Bouchers, n'ont besoin d'aucune explication particulière.

La conduite qui passe rue St-Vaast, rue St-Amand et

rue d'Occident est la plus compliquée. Cette conduite se bifurque au coin de la rue de Cassel pour alimenter des bornes placées rue d'Occident et du Sud. Au point de la bifurcation se trouve un dégorgeoir. Mais comme la pente de la rue d'Occident est très faible, ce dégorgeoir sera placé à une petite hauteur au-dessus du sol. S'il avait été construit comme les autres, l'eau étant accessible, elle aurait pu y être salie. Pour y obvier on place la bouche à la hauteur convenable, à l'intérieur du fût de la colonne, et l'on donne à celle-ci la hauteur ordinaire.

Elle se termine également par un vase, seulement l'eau ne monte pas jusqu'à lui.

Le bassin qui est au pied de ce dégorgeoir alimente la conduite de la rue de Cassel, et pour éviter les frais de construction d'un autre dégorgeoir dans cette rue, on l'adapte à la dernière borne-fontaine de la rue d'Occident.

Des bassins. Les différents bassins nécessaires à la distribution des eaux sont de deux sortes ; le bassin central et les bassins des dégorgeoirs. Ces bassins ont tous les mêmes fonctions, c'est-à-dire de régulariser les pressions, l'écoulement et la distribution de l'eau. Comme ils sont au-dessous du niveau du sol et placés dans le centre des rues, on les construira facilement en briques ; ils seront enduits intérieurement au ciment de Pouilli, afin d'être bien étanchés. Ils seront aussi recouverts de chapes de la même nature. Il est inutile de dire que les derniers dégorgeoirs de chaque conduite ne seront point accompagnés de ces sortes de bassins, ils déverseront l'eau directement sur la voie publique. Ces dégorgeoirs ne seront le plus communément que des bornes-fontaines ordinaires dont on laissera le robinet ouvert.

Des robinets. Les mêmes motifs qui ont déterminé à adopter des modèles uniformes, pour le plus grand nombre des pièces à construire, ont porté à éviter aussi trop de diversité dans la forme des robinets.

Il n'y en aura donc que de quatre sortes ; savoir : 1.° un petit robinet à air pour les regards de la grande conduite ; 2.° un robinet ordinaire pour les tuyaux, de six centimètres de diamètre à l'intérieur ; ce robinet sera tantôt terminé par deux collets, tantôt par un collet et une vis, selon qu'il sera posé sur le trajet d'un tuyau ou à une bouche de borne-fontaine ; 3.° un robinet pour tuyaux à trois branches, et 4.° enfin, un robinet-coin pour tuyau de douze centimètres de diamètre.

Ces robinets-coins tels qu'ils sont représentés dans l'ouvrage de M. Genyes, portent des faces planes dont le contact doit être parfait et qu'il est fort difficile de bien ajuster. Quoique l'on ait porté ce robinet au dessin, comme il s'agit ici d'une conduite d'un diamètre assez peu considérable, on lui substituera un robinet du même genre, mais dont le coin sera cônique. Ce robinet pourra facilement, à l'aide du tour et du rodage, être exécuté avec toute la précision désirable, et il sera moins compliqué que le premier et moins coûteux que le robinet vanne dont la confection exige un travail délicat.

Ces robinets-coins sont posés sur la grande conduite en trois points différents ; savoir : un à la descente du Mont-Noir, avant la tubulure réservée pour le branchement des sources non accordées à la ville ; un avant la montée de Bailleul et un contre le bassin du château d'eau.

Toutes les têtes de ces robinets sont projetées de manière à ce qu'ils puissent être manœuvrés à l'aide de la même clef.

Mode d'execution.

Il reste maintenant à parler du mode à suivre pour l'exécution des travaux ;

Il est à présumer que l'exécution sera confiée à des entrepreneurs par voie d'adjudication publique. C'est une garantie exigée par les réglements administratifs. Mais pour que ce mode ne soit point onéreux aux communes, il faut que les entreprises proposées soient acceptables par des chefs d'établissements déjà en activité. Or, aucun établissement à notre connaissance n'exécute de travaux d'une nature aussi variée que ceux-ci; pour que le concours public, lors de l'adjudication, produise ses fruits, il faudra donc fractionner l'entreprise en la divisant par natures de fournitures ou de travaux à faire.

On pense que la fourniture des tuyaux de conduite doit faire l'objet d'une adjudication spéciale, car elle convient à toutes les forges; mais que la pose de ces matériaux doit en être détachée; que la fourniture des pièces métalliques dont se composent les fontaines est inséparable de la pose de ces fontaines, car il y aurait sans cela des difficultés inévitables entre le poseur et le fondeur.

Enfin que la maçonnerie doit encore faire l'objet d'une entreprise particulière.

Quant à la pose des tuyaux de conduite, elle sera assujettie à une si grande perfection d'exécution qu'on ne croit pas prudent de la donner à l'entreprise. On propose de la faire par attachement. Il en sera de même de l'essai à la presse hydraulique, tant des tuyaux que des autres pièces dont la résistance à la pression de l'eau devra être garantie. Ces essais se feront toujours sous la pression de dix atmosphères.

Conclusion. Il résulte des développements qui précèdent que la ville de Bailleul est privée de l'eau nécessaire à l'industrie, à la sûreté publique et aux usages alimentaires. Que les sources du mont Noir peuvent seules la lui fournir en quantité suffisante et avec toutes les qualités désirables. Que la seule de ces sources dont l'usage soit actuellement affecté à la ville de Bailleul pourra suffire, mais qu'il faudra l'utiliser entièrement.

Qu'en exécutant le projet présenté, ces eaux arriveront d'elles-mêmes à Bailleul dans toute leur pureté.

Que chaque habitant pourra, à chaque instant, y puiser sans dérangement et sans effort des quantités d'eau, même considérables, sans occasionner dans les conduites un tarissement momentané. Que ces eaux pourront en cas, d'incendie être dirigées en totalité sur le point incendié et y être lancées avec force sans le secours des pompes. Que toutes ces fonctions seront possibles, quel que soit le produit de la source A.

Ces fontaines projetées dans un but d'utilité seront néanmoins pour la ville un ornement d'autant plus remarquable que le jeu des eaux n'aura exigé aucun frais, mais qu'il résultera de la satisfaction de convenances obligées.

Dressé par l'ingénieur des ponts et chaussées de l'arrondissement de Lille.

Lille, le 20 juillet 1840.

Signé, E. N. DAVAINE.

NOTA. Nous avons vu que la source A fournit moyennement par jour 1,572 hectolitres d'eau, cela fait par an 573,780 hectolitres. En estimant à 200,000 francs la dépense du projet, cette eau coûtera à la ville 10,000 francs par an, ce qui ne fait pas deux centimes par hectolitre. Or, à Paris, l'eau de la même qualité est payée par le porteur d'eau dix centimes l'hectolitre, et les habitants la paient beaucoup plus cher à cause du transport à domicile. A Bailleul chacun se la procurera presque sans dérangement.

APPENDICE.

Le conseil municipal de la ville de Bailleul ayant décidé, conformément aux propositions de Monsieur le Maire, que le projet dressé par l'ingénieur soussigné en date du 20 juillet 1840 ne serait pas, du moins, quant à présent, exécuté en son entier, et que l'on se serait borné à l'établissement de la conduite principale et de la fontaine centrale ou château d'eau.

D'autre part les devis du 20 juillet ayant été rédigés de manière à pouvoir également servir soit pour l'exécution de l'œuvre entière, soit pour l'exécution de l'une ou de plusieurs de ses parties seulement, puisqu'il est stipulé dans chacun d'eux que l'entrepreneur se conformera pour l'importance des travaux à faire aux états d'indication qui lui seront délivrés sous l'autorité de Monsieur le Maire. La rédaction de devis spéciaux pour l'emploi de la somme votée devenant de la sorte inutile et pouvant d'ailleurs nuire à l'intelligence de l'ensemble à cause de la corrélation qui existe entre toutes ses parties.

On a maintenu les devis du 20 juillet en y ajoutant à chaque pièce un appendice qui détermine l'importance de l'entreprise en conformité de la délibération du 26 octobre 1840.

Fait à Lille, le 20 novembre 1840.
E. N. DAVAINE.

Profil de la conduite alimentaire.

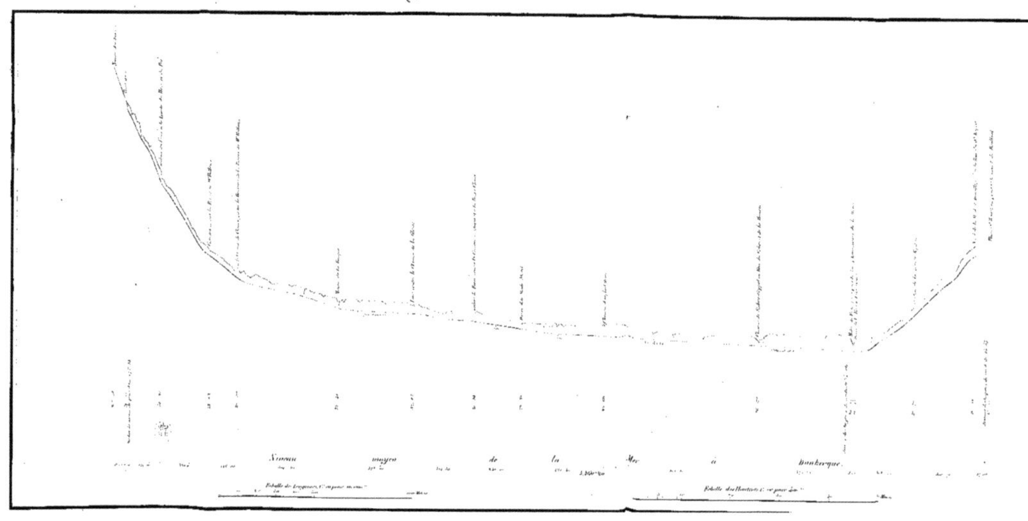

VILLE DE BAILLEUL

Projet d'alimentation d'eau.

Plan général de la conduite alimentaire et des tuyaux de distribution en ville.

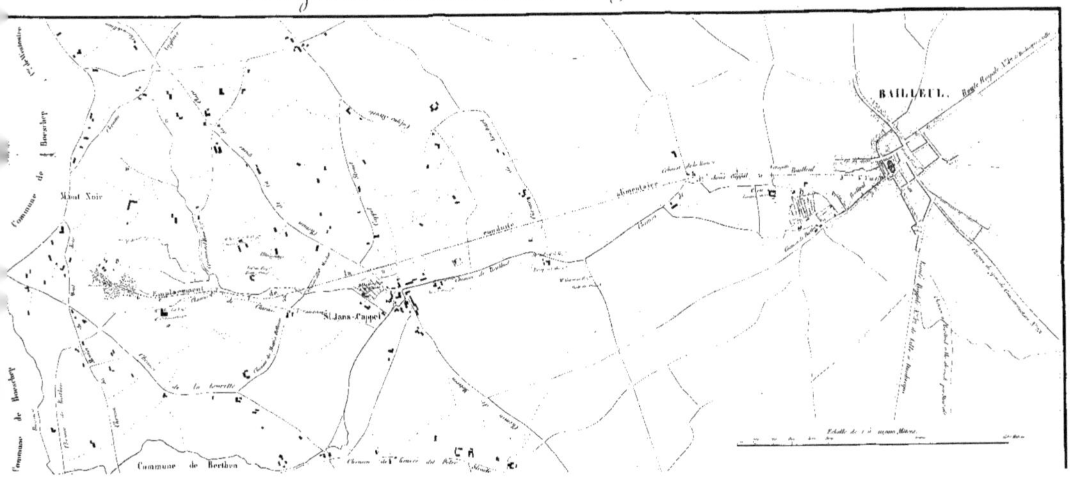

BAILLEUL.

St Jans-Cappel

Mont Noir

Commune de Boeschep

Commune de Berthen

conduite alimentaire

INDICATION SOMMAIRE DES TRAVAUX EXÉCUTÉS.

Des ouvrages ci-dessus décrits, la conduite alimentaire est complètement exécutée, mais son tracé et quelques-unes des dispositions du Château-d'eau ont subi plusieurs modifications.

On a indiqué dans le tableau ci-après la description du tracé de la conduite alimentaire.

DÉSIGNATION DES PARTIES de la CONDUITE.	LONGUEURS des LIGNES DROITES.	LONGUEURS des LIGNES COURBES.	RAYON des COURBES.	Côtes de hauteur d'après le niveau moyen de la mer à Dunkerque.	Observations.
Radier du bassin de prise d'eau au Mont-Noir en **A**. *(Voir le plan général).*	» »	» »	» »	72 84	Le premier regard est de 9 m. 75 c. du bassin de prise d'eau; les autres sont à 99 m. 30 c., moyennement d'espacement. Le point **B** est à 25 m. 50 c. de la sortie du bois. En **D**, la conduite rencontre le chemin de Chieux, en face d'une carrière d'exploitation. La cote de 24 m. 06 c., est celle de la conduite contre la drève de la ferme Lauwerière; c'est le point le plus bas. Le point **J** est à 46 m. 60 c. après le sentier de la Courte-Equerre. La ligne **MN** se termine à la façade, côté de la rue du Saint-Esprit, de la maison du sieur Dewille. La profondeur des tuyaux varie de 0 m. 70 c. à 3 m. 40 c. Cette dernière profondeur se trouve dans le champ Lauwerière. En-dessous du fossé qui sépare le champ de la drève, la profondeur des tuyaux est de 1 m. 08 c. Les quatre robinets coins sont placés : le 1.er à 4 m. 50 c. du bassin de prise d'eau; le 2.e à 613 m. 70 c. dudit bassin; le 3.e dans le pré au-delà de la drève qui conduit à la ferme Lauwerière, à 7 m. 30 c. de cette drève, et le 4.e contre le récipient inférieur du château d'eau.
Ligne AB.......	207 40	» »	» »	» »	
BC.......	» »	116 40	270 »	» »	
CD.......	265	» »	» »	» »	
DE.......	» »	30 »	250 »	» »	
EF.......	256 70	» »	» »	» »	
FG.......	» »	158 20	300 »	» »	
GH.......	2,310 60	» »	» »	» »	
HI.......	» »	200 »	500 »	» »	
IJ.......	574 30	» »	» »	24 06	
JK.......	» »	80 »	350 »	» »	
KL.......	64 »	» »	» »	» »	
LM.......	» »	30 »	300 »	» »	
MN.......	80 10	» »	» »	» »	
Du point **N** au château d'eau.	» »	87 50	Courbe en **S**.	» »	
Récipient inférieur du château d'eau.	» »	» »	» »	44 57	
TOTAUX....	3,758 10	702 10			

Récapitulation.

Parties en lignes droites..............	3,758 10
Id. en lignes courbes.............	702 10
Longueur totale de la conduite........	4,460 20

Château d'Eau.

Il y a au château-d'eau trois choses principales à considérer :

1.° Le bassin extérieur avec la vasque et les bornes-fontaines.

2.° La cave où l'on entre par un trou d'homme pratiqué dans l'enceinte du bassin extérieur et dans laquelle se trouvent les robinets servant aux différentes manœuvres.

3.° Les trois réservoirs autour de cette cave.

A l'extérieur, il se trouve trois orifices appartenant à trois tuyaux concentriques, qui débouchent dans la vasque.

Le tuyau central qui produit le jet d'eau peut être laissé entièrement ouvert ou fermé d'un obturateur vissé et percé en son centre d'un trou plus ou moins grand.

Quand l'obturateur est enlevé, il n'y a pas de jet d'eau mais seulement dégorgement dans la vasque.

Le tuyau qui enveloppe le précédent a aussi un obturateur à vis qui peut se lever à volonté; ce tube prend l'eau dans la vasque, un peu au-dessous des ouvertures alimentaires des dauphins, et la conduit dans la cuvette de distribution qui se trouve dans la cave; de cette cuvette, l'eau se rend dans les réservoirs destinés à l'alimentation des différents quartiers de la ville.

Dans la vasque se trouve un troisième tuyau qui enveloppe les deux autres tuyaux précédemment décrits; ce dernier débouche au-dessous des deux autres et a également un obturateur que l'on peut ouvrir ou fermer au moyen d'un pas de vis ; quand l'obturateur est levé, ce tuyau prend l'eau dans la vasque, et la dirige par les huit tuyaux qui rayonnent au fond du bassin extérieur, aux huit ajutages adaptés à un tuyau annulaire.

Dans la cave et un peu au-dessous de la cuvette de distribution, se trouve le robinet du tuyau central; la colonne qui porte l'eau à ce robinet part d'un récipient placé au centre de la cave, contre le radier.

Ce récipient reçoit l'eau par la grande conduite que l'on peut ouvrir ou fermer au moyen du robinet-coin qui se trouve dans la cave.

Du récipient partent horizontalement trois tuyaux qui traversent la cave et passent dans les trois réservoirs où ils se joignent aux conduites d'attente de distribution en ville.

Ces tuyaux ont pour but de faire entrer directement à volonté l'eau de la source dans les conduites de distribution sans la faire passer par le château-d'eau.

Chacun de ces tuyaux est muni d'un robinet; il faut que ces robinets soient fermés pour que les conduites de distribution prennent l'eau dans les réservoirs.

De ce récipient partent trois autres tuyaux qui montent verticalement et se bifurquent dans le haut ; chacune des branches a son robinet.

Deux de ces robinets puisent au même tuyau vertical et donnent l'eau aux bornes-fontaines.

Deux autres robinets puisent à un autre tuyau vertical et donnent l'eau, l'un au tuyau annulaire et l'autre à un tuyau supplémentaire d'attente.

Les deux robinets qui puisent l'eau au troisième tuyau vertical ont les mêmes destinations que les deux robinets précédents.

Les tuyaux supplémentaires sont fermés par des obturateurs, un peu au-dessus du pavé ; l'un de ces tuyaux a servi au dégorgement de la conduite pendant la construction du château-d'eau.

On peut obtenir à la fontaine les différents effets suivants :

Tous les robinets étant fermés, hormis le robinet-coin qui est joint à la conduite alimentaire, ainsi que les robinets qui donnent l'eau aux bornes-fontaines et l'obturateur du tuyau central étant enlevé, si on ouvre le robinet du tuyau ascentionnel, l'eau dégorge dans la vasque et alimente les huit dauphins; en ce moment, l'eau a peu de pression dans le récipient et les soupapes des bornes-fontaines sont alors d'un jeu facile; c'est là l'état le plus convenable du château-d'eau pour le service public.

Les choses étant comme ci-dessus, si l'on ouvre dans la vasque l'obturateur du tuyau qui mène à la cuvette de distribution, l'eau cesse de dégorger par les dauphins et se rend dans les trois réservoirs alimentaires. Cet obturateur étant fermé, si au tuyau central on adapte un couvercle percé d'un trou de 0 mètre 01 centimètre de diamètre, il y a un jet d'eau qui dépense moins que ne produit la source, si ce n'est quand le jet a atteint une très-grande hauteur.

Le robinet central étant fermé, mais les autres dispositions précédentes restant les mêmes, si on lève dans la vasque l'obturateur qui enveloppe le tuyau central et le tuyau intermédiaire, et si on ouvre les robinets qui donnent l'eau de la conduite dans le tuyau annulaire, si en même temps on bouche momentanément les ajutages adaptés à ce dernier tuyau, l'eau remonte dans la vasque et finit par dégorger par les dauphins; débouchant alors les ajutages, on obtient huit jets volumineux qui vont retomber dans la vasque; si on ouvre ensuite partiellement le robinet du tuyau ascentionnel, on obtient à la fois le jet central, les huit jets des ajutages du tuyau annulaire et les huit jets tombant des dauphins; ce dernier effet est celui reproduit dans la 1.re vignette ci-dessus.

INAUGURATION DE LA FONTAINE,

23 Juin 1844.

VILLE DE BAILLEUL.

PROCÈS-VERBAL

De l'Inauguration de la Fontaine centrale des eaux du Mont-Noir.

Cejourd'hui vingt-trois juin mil huit cent quarante-quatre.

Sous le règne de S. M. Louis-Philippe Ier, roi des Français.

M. le vicomte de St-Aignan, officier de l'ordre royal de la Légion-d'Honneur, officier de l'ordre de Léopold, conseiller-d'État, étant préfet du Nord ;

En présence

De sa grandeur Monseigneur Pierre Giraud, archevêque de Cambrai, présidant la cérémonie, assisté de ses vicaires-généraux, de M. le grand doyen de l'arrondissement et de tout le clergé de la ville ;

De M. le comte Corbineau, grand'croix de l'ordre royal de la Légion-d'Honneur, Lieutenant-général, Pair de France, commandant la 16e division militaire;

De M. Gourdin, sous-préfet de l'arrondissement;

De M. Bosquillon, chevalier de la Légion-d'Honneur, ingénieur en chef, directeur des ponts-et-chaussées du département du Nord;

De M. Leclercq, président, et de M. Delhomel, procureur du roi du tribunal de 1re instance séant à Hazebrouck;

Du corps municipal de la ville;

Des diverses administrations locales;

De plusieurs fonctionnaires du département;

Et d'un grand nombre d'autres personnes invitées.

En présence aussi de M. Emmanuel-Napoléon Davaine, ingénieur en chef des ponts-et-chaussées, auteur du projet;

De M. Henri Coupey, conducteur au corps royal des ponts-et-chaussées, chargé de la direction des travaux;

Et de M. Pierre Baelde, régisseur desdits travaux;

Nous, Louis Behaghel, chevalier de l'ordre royal du Lion néerlandais, membre de la chambre des députés, membre du conseil-général du département et maire de Bailleul, assisté de MM. Pierre-Amand Lotthé-Vandewalle et Charles Bieswal-Vanmerris, adjoints, et de M. Benoît Cortyl, conseiller-municipal, composant la commission spéciale et syndicale pour l'exécution du projet d'amener, au point culminant de la ville, au moyen d'un tuyau de conduite, les eaux des sources de l'un des ravins du Mont-Noir,

Avons procédé avec le cérémonial suivant à l'inauguration de la fontaine centrale.

A trois heures après-midi, le cortége des autorités, composé comme il vient d'être dit, précédé et escorté par le corps des sapeurs-pompiers, s'est rendu à l'église St-Vaast pour se joindre au prélat et au clergé.

De là, au milieu d'un concours immense de monde, le cortége s'est rendu processionnellement à l'emplacement de la fontaine, précédé de la musique de la garde nationale qui mêlait ses mélodieuses symphonies aux chants pieux.

Les principales autorités ont été conduites par la commission sur l'estrade élevée en face du monument, pour les recevoir.

Les autres personnes composant le cortége, se sont rangées à droite et à gauche dans les emplacements qui leur étaient destinés.

Un profond et religieux silence s'est établi lorsque, sur l'invitation de M. le maire, le premier pasteur du diocèse, entouré de plusieurs dignitaires de sa métropole et assisté de tout le clergé de la ville, s'est avancé pour consacrer du sceau de la religion et bénir une œuvre que des vues de bienfaisance et d'une haute utilité avaient fait entreprendre.

Durant cette cérémonie, où s'est déployée la pompe des solennités religieuses, Monseigneur l'archevêque a fait à l'assemblée un discours dans lequel il a retracé, avec sa merveilleuse éloquence, les avantages précieux que procure aux habitants cette eau limpide, amenée à grand frais au sein de la ville, où elle est destinée à répandre d'innombrables bienfaits.

Après cette touchante allocution que la ville de Bailleul sera, à juste titre, fière de publier, sa grandeur a béni les eaux de la fontaine qui, retenues captives jusqu'alors, ont jailli aux acclamations des habitants, tandis que la musique faisait entendre une suave et douce harmonie.

A ces élans d'allégresse a succédé un nouveau silence, et M. le maire s'est alors rendu l'organe de la ville, pour exprimer les impressions produites par ce grand événement administratif.

M. le sous-préfet de l'arrondissement a ensuite pris la parole et a rappelé combien ce mémorable travail a les sympathies et l'approbation de l'autorité supérieure qui a secondé et aidé, avec le concours actif du conseil-général du département, l'administration locale dans sa laborieuse tâche qu'elle a si heureusement amenée à un résultat qui dépasse ses plus belles espérances.

Ces discours seront annexés au présent procès-verbal pour compléter cette belle page des annales de la ville de Bailleul.

Après cette imposante cérémonie, entouré d'une population immense et vivement impressionnée, le cortége a reconduit le pontife à l'église de St-Vaast, où de nouvelles actions de grâce ont dignement couronné cette fête qui laissera d'éternels souvenirs à la ville de Bailleul.

De tout quoi il a été dressé le présent procès-verbal qui

a été signé séance tenante, après lecture faite à haute et intelligible voix, par M. Leroy, secrétaire de la municipalité.

Les jour, mois et an que dessus.

(Signé:) † Pierre, arch. de Cambrai; — Le lieut.-général comte Corbineau; — Gourdin, sous-préfet; — Bosquillon, ingén. en chef, direct.; — Leclercq, président; — Delhomel, proc. du roi; — C. Wicart, vic.-général; — Debord, ch.-secr. de Monseigneur; — C. J. Top., chan. honoraire; — Debreyne, grand-doyen; — E. N. Davaine, ing. en chef; — E. Bollaert, ing. des ponts et ch.; — Mille, ing.; — Dekytspotter, proc. du roi; — L. J. Reumaux, c. d.; — G. Dehaene, curé-doyen; — L. Behaghel maire; Lotthé-Vandewalle, adjoint; C. Bieswal, adj.; — B. Cortyl, membre du conseil municipal et de la commission; Ch. Decoussemaker, m. du c. m.; — J. Behaghel, m. du c. m.; — Decoussemaker-Vanmerris, m. du c. m.; — Flahault-Decool, m. du c. m.; — Ch. Bubbe, m. du c. et comm. de la garde nationale; — L. Serlooten, m. du c. m. et cap.-comm. des sap.-pompiers; — H. Liéfooghe, m. du c. m.; — Flahault-Debruyne, m. du c. m.; — H. Cordonnier, m. du c. m.; — N. M. Duverlie, m. du c. m.; — L. Stoppelgast, m. du c. m.; — Sénéchal, m. du c. m.; — J. J. Staes, m. du c. m.; — H. Salomé; m. du c. m.; — D. Flahault, m. du c. m.;

— Hopsomer, m. du c. m.; — D. J. Devos, m. du c. m.; — H. Coupey, cond. des p. et ch ; — Leroy, secrétaire de la mairie, — Baelde, rég. des tr.; — Depuydt ; — Colpaert-Vanlerberghe, chev.de la Lég.- d'Honn.; — —L. Billiau, maire de St-Jans-Cappel ;—J. J. Vanuxem-Smagghe ; — C. L. Cortyl ; — E. Behaghel ; — H. Vanmerris ; — Plichon Fils ; — L. Decoussemaker, cadet ;— H. Behaghel ; — Just. Decoussemaker ; — Bieswal ; — — B. Decoussemaker ; — Branquart, principal ; — Max. Decoussemaker ; — J. Behaghel ; — J. Decoussemaker ; C. Vanmerris; — Am. Decoussemaker ; — Demersseman, docteur ; — H. Decoussemaker ; —Baelde; — E. Decoussemaker; — D. Verheylewegen ; — P. F. Marin, mécanicien.

DISCOURS

PRONONCÉ PAR SA GRANDEUR

Monseigneur Pierre Giraud,

Archevêque de Cambrai.

« Voici, N. T. C. F., un beau et grand spectacle ! Toute une ville populeuse et florissante s'est éveillée au bruit de l'airain sacré et de brillantes symphonies. Elle s'est parée de ses habits de fête, elle s'est couronnée des ornements de sa gloire ; elle a fait éclater les transports de son allégresse comme aux jours des plus augustes solennités. Les populations d'alentour sont accourues avec cette vivacité d'émotions qu'excite l'annonce d'un événement extraordinaire, se disant l'un à l'autre: allons jusqu'à Bailleul, afin que nos yeux soient témoins de cette grande œuvre qui s'y est accomplie et dont la promesse tient depuis si long-temps nos esprits dans une curieuse attente !

» Au milieu de cette multitude heureuse, animée, frémissante d'impatience et de joie, se déploie, sur une estrade élevée, un élégant pavillon. Là, paraissent, revêtus des insignes de l'autorité, vos honorables administrateurs, l'élite des citoyens, et à leur tête l'homme de votre confiance et de votre choix (1), que vos libres et sympathiques suffrages ont porté du fauteuil municipal, aux conseils où s'agitent les intérêts, où se balancent les destinées d'un grand peuple ; noble et fraternelle réunion que rehausse encore par sa présence une de nos illustrations militaires les plus glorieuses et les plus pures (2)! Là l'œil se plaît à distinguer ces hommes de la science, à qui une haute intelligence et de patientes études ont appris le secret de dompter la nature par les savantes combinaisons de l'art et de faire plier la rigueur de ses résistances sous la puissance plus inflexible encore du génie. Là enfin, dans toute la splendeur de ses pompes saintes, se montre la religion avec sa bannière et ses flambeaux, et le livre de la prière et le rameau des ablutions, et les vapeurs de l'encens et ses lévites, et ses prêtres, vos pasteurs, vos

(1) M. Behaghel, maire de Bailleul, et membre de la chambre des députés.

(2) M. le lieutenant-général Corbineau, pair de France, commandant la 16.e division militaire.

guides, vos modèles, et nous-même qui sommes si fier aujourd'hui d'en être parmi vous le premier interprète.

» Mais pourquoi ce concours, cet appareil inusité, et ces manifestations diverses qui donnent à cette réunion l'aspect d'une fête à la fois municipale, populaire et religieuse ?

» Ah ! c'est qu'ici, N. T. C. F., il s'agit d'inaugurer, de bénir un monument dont la commémoration se perpétuera, dont l'anniversaire se célébrera d'âge en âge, pareil à ce souvenir et à ce culte éternels, voués par l'ancien peuple de Dieu *à ces pierres du témoignage qu'élevaient en mémoire d'une faveur signalée, les mains de la piété et de la reconnaissance.* Votre noble cité, dont l'origine se perd dans la nuit des temps, assise au sein du sol le plus fertile, riche des trésors de l'agriculture, prospère par l'industrie, dotée de nombreux établissements d'instruction et de charité, renommée pour l'antique loyauté de ses habitants, et plus illustre encore pour sa fidélité à conserver les traditions héréditaires de la foi et de la vertu des temps antiques, semblait n'avoir rien à envier aux villes les plus favorisées du ciel et de la nature dans la dispensation des avantages dont la possession assure le bien-être et la félicité d'un peuple. Cependant, un des éléments les plus essentiels à la santé, à la vie même de l'homme, une eau abondante et salubre se faisait regretter parmi tant de richesses prodiguées à cette terre de bénédiction.

» Maintenant quel sera le Moïse qui frappera l'aride rocher et en fera sortir des torrents d'eau vive? Quel sera l'ange qui découvrira à l'infortunée Agar la source mystérieuse et bienfaisante où cette mère désolée ira puiser le flot réparateur qui peut rappeler encore l'âme de son fils déjà errante sur les lèvres desséchées de cet unique et cher objet de sa tendresse? Ne vous étonnez pas, N. T. C. F., que j'invoque ces souvenirs, c'est à dessein et avec intention que je les fais intervenir dans la solennité qui nous rassemble.

« Des hommes se sont rencontrés qui ont osé dire dans le délire d'un orgueil insensé : Il ne se fait plus d'autres miracles que ceux de la science appliquée à la matière; Il n'est plus d'autres Thaumaturges que le progrès indéfini de l'esprit humain arrachant chaque jour à la nature quelqu'un de ses secrets. Et moi, repoussant une prétention aussi absurde qu'impie, je dis que le même Dieu qui faisait autrefois les miracles est encore l'auteur des merveilles qui s'opèrent aujourd'hui sous nos yeux. Parce qu'il ne se révèle plus directement comme alors, du moins dans la marche ordinaire de sa providence, par la suspension brusque et soudaine des lois qu'il a données à l'univers, gardons-nous de croire pour cela qu'il soit absent des conseils et des opérations de l'homme. Que le siècle s'applaudisse de ses découvertes et des nouvelles conquêtes qui reculent chaque jour les limites de sa puissance et de son activité, nous y applaudissons avec lui, pourvu qu'il sache et reconnaisse qu'indépendamment des éléments matériels qu'il trouve existants sous sa main, toute initiative, quant à la mise en œuvre, toute inspiration première, toute illumination de l'intelligence vient de Dieu, et que c'est à ce premier anneau que se rattache l'origine de tout progrès, la pensée mère de toute création. La différence entre les prodiges des anciens jours et les grandes œuvres des temps modernes n'est, au fond, que dans les procédés employés par l'économie divine. Au lieu de mettre directement la main dans ces ouvrages et de les faire jaillir au contact immédiat de sa vertu toute puissante, il laisse agir, sous son regard, la main et l'esprit de l'homme : car l'esprit de l'homme, éclairé du rayon céleste *scrute toutes choses*, dit l'apôtre, *même les profondeurs de Dieu* (1), à plus forte raison les secrets et les profondeurs de la nature. Et la raison de cette conduite est bien simple. L'homme régénéré par l'évangile, n'est plus l'homme de la déchéance *qui se refusait à croire, s'il ne voyait des signes dans le ciel ou sur la terre* (2). Il n'est plus l'homme de matière et des sens qu'il domine au contraire de toute la hauteur d'une pensée *que la vérité a rendue libre* (3).

« Dieu se sert de lui comme de son premier ministre. Il lui souffle son esprit, il lui emprunte son action, pour faire de lui, au temps marqué, non le créateur, mais le révélateur de ses desseins et de ses œuvres. Après l'avoir réhabilité lui-même dans ses fins sublimes, il réhabilite, il relève, il affranchit par lui les êtres subalternes du monde inférieur enveloppé dans la disgrâce et la dégradation de son roi. Mais soit qu'il agisse immédiatement par lui-même, soit qu'il emploie un ministère étranger, c'est Dieu, Dieu seul, c'est toujours Dieu, aujourd'hui comme au commencement, qui opère les miracles, les miracles des arts comme ceux de l'industrie, les prodiges du génie comme ceux de la vertu,

(1) Spiritus enim omnia scrutatur, etiam profunda Dei. 1 Cor. 2—10.

(2) Nisi signa et prodigia videritis, non creditis, Joan. 4—48.

(3) Et veritas liberabit vos, Joan. 8—32.

les merveilles de la grâce comme celles de la nature : *qui facit mirabilia solus* (1).

» Qui donc, N. T. C. F., (pour reprendre la suite de notre discours au point où nous l'avons interrompu, par une digression qui n'était peut-être pas sans quelque opportunité), qui, dans la disette d'eau qu'elle éprouve, enrichira la ville de Bailleul d'une source saine et abondante, découverte plus précieuse mille fois que ne le serait celle d'une mine d'or? Votre premier Magistrat en conçoit la pensée. Les obstacles paraissent insurmontables. Des projets sont d'abord mis en avant, puis, après un plus mûr examen et des essais infructueux, abandonnés. Une seule chance reste, mais on ne peut la tenter avec quelqu'espoir de réussite, qu'en amenant jusque dans vos murs, à travers les accidents variés d'un sol inégal, des eaux reléguées et comme perdues à de longues distances. Armé de cette volonté persévérante que vous lui connaissez, et qui a déjà fondé parmi vous tant de bonnes et belles œuvres, fort d'un dévouement puisé dans sa foi de chrétien et dans son amour du pays, le digne administrateur s'arrête à cette idée féconde. Vouloir fortement est déjà une garantie de succès, parce que les auxiliaires ne manquent jamais à une détermination forte. Votre honorable Maire en trouve d'abord un bien efficace dans la faveur publique, dans le concours empressé des représentants de la cité et bientôt dans le talent, l'expérience, les connaissances pratiques de cet habile ingénieur (2), un des plus honorables fils qu'ait

(1) Ps. 71—12.

(2) M. Davaine, Ingénieur en chef chargé du chemin de fer du département de la Somme.

portés le sol généreux de notre province, et qui a conquis par un succès, chacun des degrés de la hiérarchie administrative, où il occupe, jeune encore, un rang si élevé !

» Rien désormais ne résistera à la puissance combinée d'une conception énergique et du savoir appelé à la réaliser. Faut-il creuser des canaux, percer un sol rebelle, niveler des terrains, soutenir une argile inconsistante? les études sont faites, les plans dressés, les forces et les résistances calculées. La première donnée du problème est trouvée, la source. Elle est rejetée, il est vrai, dans un éloignement qui permet à peine de croire à la possibilité de l'exploiter. N'importe, on renouvellera, s'il le faut, ces *travaux de Romains* qui ont donné leur nom à toute entreprise imposante par la grandeur et les difficultés vaincues; et les eaux prisonnières, étonnées de couler par des routes inconnues, semblables à ces captifs que la victoire amène en triomphe dans la capitale d'un empire, après une brillante campagne, aux applaudissements de tout un peuple, ces eaux forcées d'obéir à de nouvelles lois, épancheront leurs trésors dans vos rues et vos places publiques raffraîchies, circuleront dans vos maisons pour le service de vos tables, fertiliseront vos jardins, abreuveront vos troupeaux, alimenteront vos usines, conjureront l'incendie, animeront enfin et vivifieront votre cité: car rien ne donne du mouvement et de la vie au paysage, de l'agrément et de la parure à l'habitation de l'homme, comme une onde vive et limpide, soit qu'elle s'élance en jets brillants, soit qu'elle se brise de cascade en cascade en poussière étincelante, soit qu'elle se déroule en nappes azurées, soit qu'elle embrasse mollement de ses replis caressants et de ses méandres capricieux des rives qu'elle a regret à quitter

« Honneur donc, N. T. C. F., à vos zélés et intelligents administrateurs qui, après avoir conçu un projet si hardi, mais si profitable à la chose publique, n'ont pas reculé devant les hasards de son exécution, et n'ont épargné, pour atteindre le but, ni études, ni sacrifices! Honneur à la cité qui a su les comprendre et qui a constamment secondé et soutenu leurs efforts en se reposant sur leurs lumières et leur dévouement avec cette loyale confiance sans laquelle les meilleures intentions sont bien vite découragées! honneur à l'administration supérieure qui leur a constamment prêté ce concours bienveillant et généreux acquis à toute pensée d'amélioration matérielle et morale! honneur à la main savante qui a dirigé avec tant d'habileté et de bonheur cette belle et difficile opération! Mais surtout, gloire à Dieu, à *Dieu le maître souverain des sciences*, comme parle l'Esprit-Saint : *par qui sont deposées dans l'esprit de l'homme les grandes et fécondes pensées, comme un germe préparé* pour se développer et mûrir : qui non-seulement a créé la lumière et les sources et les vapeurs, mais qui nous révèle encore le secret de les faire servir à nos usages, *Deus scientiarum Dominus est, et ipsi præparantur cogitationes* (1), vérité non moins consolante qu'honorable pour l'humanité, à laquelle vous avez rendu hommage, en voulant que cette grande œuvre fût consacrée par les mains de la religion.

Et maintenant que la reconnaissance élève dans vos cœurs et dans le cœur des enfants de vos enfants, jusqu'aux

(1) 1 Reg. 2 3.

générations les plus reculées, un monument plus durable encore que cet édifice de pierres et de ciment si imposant par sa masse et la solidité de sa construction! Et maintenant pour emprunter au roi prophète la gracieuse image sous laquelle il aime à se représenter l'homme juste, puissiez-vous tous, selon la diversité de vos âges, *et dans le temps propre à chacun, donner les fleurs* de la jeunesse et les fruits de la maturité, comme des arbres plantés près d'une fontaine d'eau vive qui en abreuve les racines et en couronne les rameaux d'un éternel feuillage (1)! car nous devons, N. T. C. F., à la sainteté de notre caractère comme à la ferveur de votre foi, de ne pas clore ce discours sans avoir tiré de la circonstance même qui en a fourni le texte, quelques applications morales, quelques inductions pratiques propres à l'édification de la piété et de la vertu chrétiennes. Que ces bassins, que ces courants, que ces jets abondants d'une eau vivifiante et limpide qui vont réjouir, fertiliser, embellir votre cité rappellent à votre pensée, rendent plus chères à votre amour, les eaux de la divine grâce dont le saint réservoir est dans vos églises, tout auprès de ce monument, comme pour en réveiller en vous, par ce rapprochement, un souvenir plus présent et plus sensible! Sources bénies venues aussi de loin, descendues des hauteurs des cieux et des collines éternelles pour arroser les arides vallées de la terre! *Fontaine, sortie des plaies adorables du Sauveur, où ses élus vont puiser avec joie des flots de lumière, de*

(1) Et erit tanquam lignum, quod plantatum est secus decursus aquarum, quod fructum suum dabit in tempore suo: Et folium ejus nos defluet. Ps. 1. 3. I.

consolation et de vie (1) ! eaux sanctifiantes qui nous ont lavés de la tache d'origine ; eaux de la pénitence, eaux de nos larmes pieuses, piscines sacrées qui emportent nos souillures de chaque jour et cette poussière du monde qui s'attache aux pieds du voyageur ; eaux jaillissantes jusqu'à la vie éternelle (2), où elles se transforment en rosée de gloire pour les siècles des siècles.

» Oui, fidèles de Bailleul, celui qui aura bu de l'eau de vos fontaines, toutes pures et saines qu'elles puissent être, aura *encore soif* : celui qui boira aux sources de J. C. sera éternellement désaltéré ! O Dieu ! donnez-nous de cette eau merveilleuse afin que nous n'ayons plus soif que de vous seul, et que nous n'allions plus puiser aux sources impures de Babylone ! O Dieu! quand luira le jour où nous sentirons couler dans nos âmes le fleuve de votre intarissable et éternelle paix, où vous nous abreuverez vous-même des torrents de vos ineffables voluptés (3).

» Si l'image que nous en offrent ces fontaines est si attrayante, que douce et enivrante sera la réalité! Ah ! si pour faire dériver les eaux de votre grâce jusqu'à nos âmes il y a des vallées à combler et des montagnes à abaisser, s'il faut creuser la terre de notre néant par l'humilité, dompter par le fer et le feu le roc indocile d'une volonté rebelle, nous voilà prêts, Seigneur, à tous les travaux, à tous les efforts de la pénitence, à tous les sacrifices du

(1) Haurietis aquas in gaudio de fontibus Salvatoris. Is. 12—3.

(2) Fiet in eo fons aquæ salientis in vitam æternam. Joan 4—14

(3) Et torrente voluptatis tuæ potabis eos Ps. 35 — 9.

dévouement et de l'amour ! Qu'une goutte seulement de vos célestes délices vienne raffraîchir nos lèvres que dévore la soif du bonheur dans le désert brûlant de cette vie, en attendant que nous entrions dans cet immense océan de votre joie qui pour fond a l'infini et pour rivages, l'éternité ! ! »

DISCOURS

De M. LOUIS BEHAGHEL,

Maire de Bailleul.

Monseigneur, Messieurs,

« Après les admirables paroles que vous venez d'entendre, et lorsqu'on éprouve le besoin de les méditer dans un religieux silence il est téméraire peut-être d'élever une faible voix. Plus que personne je reconnais mon insuffisance, mais un devoir sacré me commande de me rendre l'organe de notre ville, pour exprimer, s'il est possible, tous les sentiments dont nos cœurs surabondent, en présence d'un illustre pontife, d'un de nos plus célèbres guerriers qui personnifie la gloire de la France, de fonctionnaires éminents et de cette intéressante population accourue pour consacrer le plus grand événement administratif, la plus imposante cérémonie dont jamais Bailleul ait été témoin.

» Je vais donc, Messieurs, essayer de retracer notre bonheur, notre gratitude, nos espérances, j'ose dire aussi notre juste orgueil ; auparavant, j'indiquerai à grands traits la simple histoire du monument que la religion vient de bénir.

» La ville de Bailleul, dont l'origine est très ancienne, puisqu'elle remonte à dix lustres avant l'ère chrétienne, est admirablement située au milieu des plus riches campagnes, douée d'un sol fertile, d'une population laborieuse, morale et religieuse ; cité à la fois agricole et industrielle, elle possède de grands avantages ; mais ces biens étaient incomplets et décolorés en quelque sorte, par la privation d'un élément de première nécessité, répandu ailleurs par la nature avec une si grande profusion; Bailleul manquait d'eau, même pour le besoin de l'existence, cette privation était pour elle une souffrance continuelle: son histoire rappelle des souvenirs déplorables de destruction par le feu; chaque sécheresse devenait une calamité pour les classes pauvres, dont la santé se trouvait gravement menacée; l'industrie était souvent paralysée et tous les agréments que peut offrir l'habitation d'une ville populeuse ne pouvaient s'introduire parmi nous; ainsi, la sécurité de la ville, la salubrité publique, la charité, le bien-être, l'embellissement, l'accroissement de la richesse, tout se réunissait pour demander de l'eau, à tout prix!

» Comme un bon père de famille, préoccupé sans cesse de la pensée de procurer à ses enfants tout le bonheur possible, l'administration de notre ville ne pouvait avoir de repos d'esprit qu'elle ne lui ait obtenu un élément si impérieusement réclamé à tant de titres.

» Après avoir vainement fouillé les entrailles de la terre, à l'aide de l'art des puits artésiens, elle tourna ses regards vers les eaux pures d'une des sources qui s'échappent des flancs du mont Noir, mais cette source était si loin de nous, que nous osions à peine nourrir la pensée de l'amener au sein de notre ville et il a fallu, comme on va le voir, que la main de la providence daignât nous conduire elle-même, pour voir se réaliser le fruit de quatorze années de travaux, de patience et de persévérance.

» En effet, Messieurs, c'est au moment même où nous craignions d'embrasser une décevante illusion, que nous avons rencontré un de ces hommes trop rares, qui savent cacher sous le voile de la plus touchante modestie ce que le savoir, l'étude, le talent, nous dirons même le génie, peuvent réunir de plus complet; ces hautes qualités étaient accompagnées, comme inhérentes à la nature même de l'homme, d'une droiture, d'une sincérité et d'une probité inébranlables. Déjà, par des travaux, comme ingénieur dans le département du Nord, M. Davaine avait acquis la réputation la plus flatteuse, et la grande cité de Lille lui avait donné une éclatante marque d'estime et de gratitude, en l'appelant dans ses conseils par les suffrages électifs de ses habitants.

» A notre prière, cet homme d'une habileté si consommée et d'un si noble caractère, voulut bien se consacrer à l'acte de bienfaisance municipale invoqué par la ville de Bailleul; pour y parvenir, il eut à supporter toutes les perplexités, toutes les anxiétés que lui fit partager le Maire, il eut à essuyer et à surmonter des difficultés, des contradictions et des obstacles multipliés. Je ne parle pas des longues heures et des veilles silencieuses employées à mûrir ses plans, à arrêter ses devis, et des journées passées pour diriger de loin comme de près tous les travaux. Quel tableau de tant de mérite et de dévouement peut valoir cette louange suprême, renfermée dans le doux murmure de ces eaux limpides que nos yeux voient couler et que la main habile de M. Davaine a fait jaillir à quarante pieds de hauteur, au point culminant de notre ville? Bornons-nous donc à dire que l'auteur de notre merveilleuse fontaine est pour toujours et à bon droit l'ami et le bienfaiteur de Bailleul, et qu'il figurerait déjà sur le livre d'or de ses premiers citoyens, si nous étions encore à l'époque où le droit de cité était le plus grand honneur qu'une ville pût offrir en témoignage d'éternelle gratitude.

» Après ce juste hommage de reconnaissance, il en est d'autres que nous aimons également à rendre, dans cette occasion solennelle, et d'abord nous ne pouvons oublier que le conseil général du département du Nord, toujours si empressé à encourager les travaux utiles, avait tellement apprécié nos besoins et la nécessité de notre grande entreprise, qu'il l'a dotée d'une subvention de 25,000 fr.

» Il nous est doux de rappeler ensuite que ce fut également à l'époque où notre projet était entouré des plus grandes difficultés, que M. le vicomte de St-Aignan, appelé à présider à la haute direction administrative de notre beau département, vint donner dans le pays le rare exemple de la réunion des qualités les plus éminentes, doué à la fois de l'énergie de la jeunesse et de la maturité de l'expérience; on l'a vu imprimer une vie nouvelle, une activité incessante à toutes les branches de l'administration, de là cette multitude d'œuvres bienfaisantes, créées à l'envi par les villes et les communes du département, et au milieu desquelles Bailleul s'enorgueillit de compter sa fontaine, qui fait sa joie et lui donne une existence nouvelle.

» Enfin, c'est au conseil municipal que reviennent les premiers honneurs de la fête que nous célébrons, car c'est lui qui, par sa constante harmonie, par son inébranlable persévérance, est le premier auteur de ce travail si fécond en heureux résultats pour notre ville chérie. Il est juste de placer ici un souvenir de gratitude envers un homme instruit et laborieux, qui depuis bien longtemps, consacre son travail et ses pensées au bien-être de notre ville, et à rappeler que M. Leroy, un des premiers, a suggéré notre belle entreprise, c'est ainsi que son nom est inséparable de l'époque fortunée qui a vu naître notre fontaine.

» Les administrations qui nous avaient précédés n'avaient pas montré moins de sollicitude, mais à nous, Messieurs, était réservée l'insigne faveur de réaliser des projets toujours formés et jamais accomplis; nous avons eu, nous ne dirons pas le mérite, mais le bonheur que pendant l'exercice de notre modeste mais paternelle magistrature, on a pu enfin cesser de dire :

» *La ville de Bailleul ne peut pas grandir, ne peut pas prospérer, elle manque d'eau!* » Ce reproche, qui nous oppressait le cœur comme un remords, a disparu pour toujours!....

» Aussi, tant que durera notre existence, nous regarderons avec jouissance et un légitime orgueil, se répandre ces eaux bienfaisantes, nous léguerons cette œuvre à nos enfants et à nos successeurs, comme un exemple et un motif d'excitation dans la voie de la prospérité administrative!

» Maintenant, Monsieur l'ingénieur, permettez-nous de vous adresser directement le tribut des sentiments qu'éprouve le cœur d'une ville reconnaissante et heureuse, pour le Savant généreux et dévoué qui lui a consacré les moments les plus précieux de son existence.

» Je sais qu'à vos yeux la plus douce récompense se trouve dans l'application des fruits de l'étude et de la science à la grande œuvre du bien public, à la noble cause de l'humanité et sans doute, vous devez éprouver, en ce moment, une jouissance ineffable, mais s'il ne m'est pas permis de l'augmenter, je suis heureux du moins d'avoir à vous dire, au nom de tous les habitants de cette ville, que les eaux précieuses dont vous l'avez enrichie vous rappelleront toujours à leur affection et que le procès-verbal de cette cérémonie, où votre nom est si justement honoré, sera dans les âges les plus reculés une des plus belles pages de nos annales.

» Au milieu des hommages de reconnaissance qui parviennent de toutes les parties de ce département à Monsieur le Préfet, nous espérons qu'il voudra bien distinguer celui que la ville de Bailleul consacre à l'homme supérieur qui est venu diriger avec tant de succès la haute administration d'une province, où son passage laissera des traces si mémorables, c'est au pied de cette fontaine qu'il a si puissamment contribué à ériger, que nous aimons à manifester pour notre premier magistrat le tribut de notre respectueuse et profonde gratitude, en lui adressant la prière de transmettre, quand le moment sera venu, au conseil général du département, la part qui lui revient dans notre reconnaissance pour la libéralité avec laquelle il a encouragé l'œuvre magnifique qui complète notre félicité.

» Vous venez de le voir, Monseigneur, si la ville de Bailleul a multiplié ses efforts pour la sécurité, le bien-être, l'agrément de la population qui lui appartient, si elle a invoqué et obtenu de puissants appuis, elle n'est pas ingrate, ni envers la providence, ni envers les hommes qu'elle a choisis pour être les auteurs de ses bienfaits.

» Le devoir des magistrats municipaux est de s'occuper sans relâche de toutes les améliorations que réclament les villes confiées à leurs soins, mais l'intelligence administrative serait incomplète, ou plutôt, elle serait déchue, nous dirions presque dégradée, si elle bornait sa sollicitude aux intérêts matériels, si elle oubliait que ses bienfaits doivent s'étendre aux intérêts moraux et que ses travaux seraient stériles et arides, s'ils ne portaient toujours le cachet social, le caractère religieux qui unit l'âme et le cœur à l'œuvre muette de la matière.

» Notre ville présente d'heureux exemples de cette association de la foi et des progrès, que résume le but de la civilisation chrétienne; nos temples, nos hospices, nos écoles sont là pour l'attester, et nous aimons à appliquer cette pensée aux monuments qui semblent uniquement destinés à la portion matérielle de notre être.

» A chaque pas, à chaque action de la vie, l'homme sensible et réfléchi élève ses pensées vers l'auteur de son existence et de son bien-être, il cherche à compléter et à fortifier son bonheur dans le sentiment religieux qui seul peut le rendre pur et durable; il reconnaît, qu'avant et au-dessus de la main des hommes, une autre main plus puissante a préparé les nouveaux éléments de prospérité, que les lumières du génie et les efforts de l'étude révèlent journellement à nos esprits étonnés; aussi, à la vue d'un bienfait si longtemps et si ardemment désiré, le plus noble et le plus doux des sentiments a pénétré le le cœur des magistrats et des habitants de Bailleul, tous ont senti le besoin de s'incliner devant la providence et de remercier l'auteur de tous les biens; tous ont compris, que leurs vœux et leurs prières étaient, par leur sincère ardeur, dignes d'être transmis à Dieu par un de nos plus grands pontifes.

» Vous le savez, Messieurs, un prélat, destiné à relever avec éclat le trône archiépiscopal dont notre province catholique s'honore, est venu dans ce diocèse donner l'exemple de toutes les vertus.

» A mes yeux, il ne pouvait exister de main plus digne que la sienne de bénir notre source chérie, je n'ai donc pas hésité à exprimer humblement à celui qui fait revivre parmi nous les jours heureux du cygne de Cambrai, nos vœux et notre ambitieuse espérance: dans cette démarche, j'ai appris à connaître tout ce que la bienveillance renferme de plus délicat et de plus parfait; j'ai pu ressentir le charme dont notre pieux archevêque sait entourer l'immense mandat que la providence lui confie. Quant à la manière admirable dont il sait embellir les hommages qu'on veut adresser avec lui au principe vivifiant d'une religion sainte, qu'en pourrai-je dire, vous l'avez entendu et nos cœurs sont encore émus des accents de cette voix sublime.

» Aujourd'hui, nous aurions eu la preuve, si nous ne le savions déjà, Messieurs, que la parole toute puissante de notre archevêque n'est pas moins habile à toucher les cœurs, à en sonder les plus profonds replis et à révéler les plus nobles conceptions de l'intelligence, que nos plus grands génies ne l'ont été à découvrir et à exposer les secrets de la nature qui tous les jours enfantent des prodiges.

» C'est de cette parole poétique et chrétienne, que les mystérieuses beautés renfermées dans le son des cloches nous sont apparues avec une grâce charmante ; c'est par elle que nous avons été initiés aux ineffables mélodies de ce chantre des airs, qui tour-à-tour appelle l'homme aux actes les plus importants de la vie, à la prière, à la joie, plus souvent au deuil, et qui sait inspirer à l'âme chrétienne de si saintes émotions. — C'est par cette parole que le tableau effrayant du passage de notre fragile existence à un avenir de bonheur et de paix a été semé de fleurs et de consolations. — C'est par cette parole encore que les lieux de deuil et de tristesse sont devenus pleins de soulagements et d'attraits. Le monde, Messieurs, décerne justement des témoignages d'honneur aux hommes qui agrandissent le champ des découvertes utiles, mais quelles primes d'honneur pourraient être dignes de ceux qui savent ainsi découvrir les plus beaux mystères de la destinée religieuse de l'homme.

» En invoquant les faveurs du ciel, dans cette circonstance, Monseigneur, la ville de Bailleul, nous aimons à le rappeler ici, suit l'exemple qui lui est tous les jours donné : la France appelle les bénédictions du ciel sur ses grands travaux, tous les jours elle rend des hommages solennels à l'opération invisible de la puissance divine; de tous les progrès de cette époque, c'est à nos yeux le plus beau ! — Si les chemins de fer et les autres prodiges de l'art moderne sont placés sous les auspices de la providence, n'avions-nous pas, en notre qualité de chrétiens sincères, l'obligation de consacrer les eaux limpides de notre source par une bénédiction sainte et de la protéger par un éternel souvenir de vertus.

» L'histoire, *où tout est vrai*, nous apprend que depuis l'origine du monde, l'eau est l'élément et l'instrument privilégié de la providence. C'est l'eau, qui par sa volonté toute puissante, est venue féconder la terre. C'est l'eau, qui, par le déluge, a purifié le monde corrompu. C'est l'eau qui, sortant miraculeusement du rocher, a conservé la vie au peuple altéré dans le désert; l'eau, sur un signe divin, a été changée en vin un jour de fête. L'eau, enfin, n'est-elle pas le symbole de la pureté qui rend l'homme chrétien et le rapproche de son Créateur! — Vous le voyez donc, Messieurs, quel luxe de merveilles et quel bel apanage appartiennent aux produits de notre admirable fontaine; l'homme et la raison s'inclinent devant ces vérités éclatantes et indestructibles, ces vérités sont gravées dans le cœur des habitants de cette ville, et ce sont elles surtout qui embellissent et ennoblissent notre fête.

» Monseigneur, je crains que mes paroles n'aient été bien prolixes, et cependant j'ai à peine exprimé combien votre présence nous fait considérer cette journée comme une des plus belles et des plus grandes qui aient jamais éclairé notre ville. Puissent nos sentiments de respect, de gratitude et d'affectueuse vénération pour votre Grandeur, lui rendre une partie de tout le bonheur qu'elle est venue apporter au milieu de nous et mériter, Monseigneur, pour notre chère ville de Bailleul, un souvenir privilégié de votre affection paternelle.

» Et vous, source bienfaisante et chérie, désormais consacrée par la bénédiction de notre illustre archevêque, que toujours vos eaux coulent belles et pures, qu'elles viennent à jamais satisfaire aux besoins et aux plaisirs de notre ville natale, mais que toujours aussi, elles rappellent à ses habitants les hautes vérités, les impressions religieuses, les sentiments de gratitude qui se rattachent à cette cérémonie, devenue un des plus beaux titres de notre administration à la reconnaissance de nos bien aimés concitoyens. »

DISCOURS

DE M. GOURDIN,

Sous-Préfet de l'arrondissement d'Hazebrouck.

Monseigneur et Messieurs,

« Après avoir entendu la voix éloquente du premier pasteur de ce diocèse, et les paroles pleines de vérité et d'à-propos du premier magistrat de la cité, j'aborderais avec une excessive défiance un sujet traité d'une manière si complète, si l'examen des faits et leur appréciation consciencieuse ne me permettaient de restreindre mon allocution à des paroles louangeuses. Et d'abord, Messieurs, nous aimons tous à constater que par sa présence, et l'accomplissement de certaines pratiques consacrées par le culte et propres à la circonstance, notre digne et vénérable archevêque a donné à la solennité qui nous rassemble, un cachet religieux dont nos cœurs reçoivent la douce empreinte. Si, en effet, Messieurs, tout bienfait doit être attribué à la puissance divine, nulle circonstance ne pouvait être plus favorable, nulle bouche ne pouvait mieux que celle de son ministre, se faire entendre pour le proclamer; et la religion qui, partout où elle est bien comprise, procure l'union et la paix, possède seule, en présence d'une société morcelée par les partis et qui ne subsistera bientôt plus que par la force des vertus natives, la puissance de donner à cette réunion un caractère d'unité.

» Il m'est doux, Messieurs, de cueillir aujourd'hui des fruits qui appartiennent à l'héritage de mon vénérable prédécesseur, fruits que le zèle éclairé, le dévouement éprouvé de l'honorable Maire, de ses édiles, et le loyal concours du conseil municipal de cette ville intéressante, et du conseil-général du département, ont si heureusement portés à maturité. Le bienfait dont ils l'ont dotée est impérissable, et leurs noms offerts à la reconnaissance publique seront non moins impérissables que le bienfait lui-même.

» Après avoir payé ce juste tribut d'éloges aux magistrats dévoués et désintéressés qui consentent à partager si noblement leur temps entre les douces affections du foyer domestique et les ennuis de la chaire curule, qu'il me soit permis, Messieurs, d'appeler votre attention sur l'agent d'exécution, sur l'ingénieur enfin, dont la haute capacité alliée à une extrême modestie, a conduit à bonne fin l'entreprise délicate et difficile de procurer aux habitants de Bailleul une eau limpide et pure, ce premier besoin de la vie. C'est à ses études, à ses appréciations exactes, à ses soins intelligents, à sa persévérance à combattre les difficultés, qu'est dû le succès de cette même entreprise dont la simplicité d'exécution contraste d'une manière si tranchée avec ses prodigieux résultats et ce que nous a légué l'antiquité en travaux créés dans un but semblable; en Égypte, par la puissance de Sésostris; à Rome, par celle des Césars! Cet homme, Messieurs, est-il besoin de vous le nommer? N'entends-je pas son nom prononcé par toutes les bouches? Oui, Messieurs, c'est à M. Davaine, à cet homme modeste, habile et probe, que nous sommes redevables de voir aujourd'hui même, les Naïades des sources du Mont-Noir prendre droit de cité à Bailleul, et nous convier au sacrifice qu'elles nous font de leurs cascades abondantes dont le bruit monotone puise son charme dans sa monotonie même. Aussi, Messieurs, point de vains remercîments à M. Davaine, point d'expressions officielles de reconnaissance passagère, rien, en un mot, qui doive amoindrir la délicatesse du sentiment dont mon âme s'inspire en ce moment; ce que je désirerais, Messieurs, ce que je voudrais enfin, ce serait d'attacher à cette page de sa vie, une fleur qui lui rappelât l'expression de nos cœurs, le disputant en tenacité à l'airain auquel est confiée l'inscription destinée à transmettre son nom à la postérité.

» Messieurs, il est incontestable que les grandes pensées d'améliorations et de perfectionnements matériels ne peuvent se développer que dans les circonstances qui leur sont propres, c'est-à-dire, dans des temps de paix et de tranquillité qui, en imprimant aux esprits une direction pacifique, permettent au pays de consacrer ses ressources à leur application. Félicitons-nous, Messieurs, de voir de nos jours cette heureuse application garantie par la haute sagesse et la suprême intelligence de notre roi, de cet éminent protecteur des beaux-arts, de l'industrie et du commerce; de cet ami du vrai progrès, secondé par le zèle des hommes distingués auxquels l'administration de notre beau département a été confiée, et sans le concours et le talent desquels le remarquable succès obtenu eût failli.

VIVE LE ROI!

APPENDICE.

La veille de la solennité, des distributions abondantes de pain et de viande ont été faites à tous les pauvres de la ville.

Après les cérémonies de l'inauguration et pendant qu'eurent lieu les réjouissances publiques, un banquet splendide a été offert à l'Hôtel-de-Ville aux deux grands dignitaires de la province et à toutes les autorités qui ont honoré cette cérémonie de leur présence. Cette réunion a présenté le spectacle le plus animé de bonheur et de joie; des toasts au Roi, aux Autorités et d'autres analogues à la circonstance, ont été portés et ont été entourés des sentiments les plus parfaits de convenance et de dignité.

Le seul regret que l'administration ait pu ressentir à cette table qu'elle était si fière de présider, était de ne pouvoir, faute de place, y appeler beaucoup d'autres convives qui, par leur bienveillant concours à cet important travail, ou par leur position distinguée dans le pays, y auraient été si bien placés.

Dans la soirée un feu d'artifice a réuni sur la grande place (devenue trop petite pour les contenir) tous les habitants de la ville et les nombreux étrangers qui ont afflué de tous côtés.

Une illumination brillante, ornée de beaucoup de transparents rappelant l'objet de la fête, a fait disparaître à Bailleul la nuit qui séparait le 23 du 24 juin 1844.

Il faut ajouter aux détails de cette époque d'heureuse mémoire, que malgré la foule si considérable de monde qui était réunie, cette scène si variée et si prolongée n'a pas été altérée par le moindre désordre, tant il est vrai qu'il ne devait y avoir aucune ombre à ce tableau, et que chacun se réjouissait d'un bonheur qui était commun à toute une cité.

A cette occasion on peut encore faire ressortir du procès-verbal destiné à consacrer et à perpétuer le souvenir de cette fête, une remarque qui a son mérite et sa valeur, c'est de constater que les impressions qui ont caractérisé cette mémorable journée sont une sauve-garde et une police aussi influente que précieuse de l'ordre public.

www.ingramcontent.com/pod-product-compliance
Ingram Content Group UK Ltd.
Pitfield, Milton Keynes, MK11 3LW, UK
UKHW022132190726
13855UKWH00003B/1113

9 782013 073073